내 집 마련,
서울 대장 아파트에 답이 있다!

구번타자 홈런왕(이동빈) 지음

한국경제신문 *i*

프롤로그
부동산 공부를 어떻게 시작할지 몰라 막막한 분들에게

첫 신혼집은 개포동에 있는 25년 연식의 투룸 빌라였습니다. 겨울에는 냉장고가 필요 없고, 여름에는 찜질방이 따로 없었던 곳이었습니다. 때로는 집 앞에 차를 세워두면 '견인'이라는 이름의 마술이 벌어져 차가 종종 사라지기도 했습니다. 많은 면에서 불편했지만, 당시에는 최선의 선택이었습니다.

여느 직장인들과 같이 직장생활을 시작한 지 몇 년이 되지 않았을 때는 집을 구매한다는 것은 엄두도 내지 못했습니다. 출퇴근 때 보았던 수많은 아파트들은 그저 누군가의 집일 뿐이라고 생각했습니다. 어떻게 하면 내 집 마련을 할 수 있을지에 대한 특별한 계획도, 생각도 없이 묵묵히 하루하루 열심히 살기만 하면 나도 언젠가는 좋은 집에서 살 수 있을 것이라고, 그저 막연하게만 생각했습니다.

그러던 어느 여름날, 새 아파트에서 신혼을 시작한 친구 집들이에서 돌아오던 길이었습니다. 그날따라 유난히 친구의 집을 부러워하는 아내의 모습을 보았습니다. 한여름 밤 무도회장에서 집으로 돌아온 신데렐라가 느꼈을 심정을 그날 저희 부부도 공감했습니다. 화려한 황금 마차가 12시가 지나자 호박으로 돌아왔듯, 친구의 새 집에서 돌아온 이후에 접했던 우리 집이 얼마나 야속하게 느껴졌는지 모릅니다. 그래도 우리 집이 좋다며 애써 부러움을 감추는 아내의 모습을 보며, 내 집 마련을 위한 부동산 공부를 하기 시작했습니다.

학창시절, 공부를 시작하는 것은 어렵지 않았습니다. 수많은 참고서와 강의가 있었기 때문입니다. 하지만 부동산 공부는 달랐습니다. 도대체 어디에서부터 시작해야 할지 막막하더군요. 무작정 서점에 가서 수십 권의 책을 사서 읽고 강의도 들었지만, 내 집 마련은 '그들만의 이야기'처럼 느껴졌습니다. 많은 책과 강의를 통해 부동산은 입지가 중요하다는 것은 알았지만, 입지를 어떻게 공부해야 할지 몰랐습니다. 또한 부동산은 발품을 파는 것이 중요하다고 들었지만, '보는 눈' 없는 수많은 현장 방문은 그저 헛걸음에 불과했습니다. 문제는 어떻게 하면 부동산 공부를 제대로 시작할 수 있는지를 전혀 모르는 데 있었습니다.

그래도 내 집 마련을 하고 싶었습니다. 끝없는 터널을 헤매는 기분이었지만, 무작정 끝없이 시간을 투입하는 방식을 사용했습니다. 퇴근 후 하루에 두 시간은 빠짐없이 지도를 펼쳐서 이곳저곳을 살펴보았습니다. 시중에 나와 있는 부동산 서적은 이해가 되지 않더라도 손에 잡히는 대로 모조리 읽었습니다. 운전을 할 때는 항상 유명 부동산 팟캐스트(Podcast)를 음악처럼 틀어놓았습니다. 말 그대로 맨땅에 헤딩을 하며 조금씩 집을 보는 눈을 키워 나갔습니다. 부동산 공부는 그렇게 이 책을 읽는 여러분이 그러하듯 막막하고 어려웠습니다.

이러한 과정 속에서 누군가가 쉽게 하나하나 차근차근 내 집 마련을 할 수 있는 방법을 알려줬으면 좋겠다는 생각을 했습니다. 투자를 하는 사람이라면 누구나 알고 있는 것들이지만, 처음 시작하는 사람에게는 누구도 친절하게 알려주지 않는 부동산 공부법에 대해서 말입니다. 이 책은 그런 고민에서부터 시작되었습니다.

이 책에는 신도 알고 싶어 하는 주택 구입의 타이밍도, 전설이 되어버린 부동산 성공 신화도 나와 있지 않습니다. 다만 누구보다 내 집 마련에 대한 고민을 많이 해온 평범한 직장인으로서 부동산을 공부하는 나름의 노하우를 최대한 상세하게 담고자 노력했습니다.

그런 측면에서 부동산 공부를 쉽게 시작하는 방법에 대해서 많은 이야기를 나눌 수 있을 것으로 보입니다. 투자자의 관점이 아닌, 실거주 주택을 마련하시는 분들의 눈높이에서 함께 공부하고, 고민하는 이 책은 평범한 우리들, '부알못(부동산 알지 못하는 사람)'을 위한 책입니다.

제가 이 책을 통해 담고자 하는 메시지는 다음과 같습니다.

첫 번째, 독자분들에게 부동산을 스스로 공부하는 방법을 제시하고 싶습니다. 많은 분들과 집에 대해 이야기하며 느꼈던 것은 대다수의 사람들이 어떻게 부동산 공부를 시작해야 할지, 어떤 기준으로 집을 보아야 할지에 대해 모른다는 것이었습니다. 집을 구매할 때 반드시 따져보아야 하는 요소들을 함께 공부하면서 적어도 내 집은 스스로 찾을 수 있는 힘을 기르셨으면 하는 바람입니다.

두 번째, 집에 대한 관심을 높이는 데 도움을 드리고 싶습니다. 우리는 의식주 중에서 집이 가장 비싼 요소임에도 무엇을 먹고, 무엇을 입는지에 대한 생각으로 하루 고민의 대부분을 채웁니다. 적어도 점심에 무엇을 먹을지 고민하는 시간보다는 어떤 집을 사고, 살아야 할지 고민하는 시간이 길어야 한다는 것이 저의 생각입니다. 이 책을 통해 독자분들이 적어도 먹고 입는 것을 고민하는 만큼만이라도 집에 대한 관심과 이해를 더하셨으면 하는 것이 저의 두 번째 바람입니다.

마지막으로 독자분들과 함께 내 집 마련을 고민하며, 어떤 삶을 살지를 함께 고민할 수 있는 기회가 되었으면 좋겠습니다. 결국 부동산의 관건은 그 지역 사람들의 '꿈'과 '삶'을 이해하는 데 있다고 생각합니다. 함께 '실거주자의 눈으로 집을 바라보고, 단순 데이터로는 나타나지 않는 그 지역의 '꿈'과 '삶'을 이해하며, 함께 인사이트(Insight)를 키워 나가는 것이 제 마지막 바람입니다.

이 책의 제목은 '내 집 마련, 서울 대장 아파트에 답이 있다!'입니다. 지금 당장 부동산의 고수가 될 수는 없겠지만, 적어도 책에 있는 내용을 하나하나 쫓아가다 보면 내가 살고 있는 지역, 또는 내가 살고 싶은 지역의 대장 아파트 분석은 스스로 하실 수 있을 것입니다. 그리고 서울 25개 구의 대장 아파트를 차근차근 분석하고 난 이후에는 여러분 스스로 어떤 집을 사야 하는지, 그리고 사고 싶은지에 대한 정답을 스스로 찾으실 수 있을 것이라고 믿습니다.

제가 좋아하는 김영하 작가의 《퀴즈쇼》라는 소설책에는 다음과 같은 구절이 있습니다.

'너의 현명하고 유쾌한 답장 기다릴게.'

이 구절처럼 독자분들이 이 책을 읽고 난 이후 현명하고 유쾌한 내 집 마련을 하시길 바랍니다.

구번타자 홈런왕(이동빈)

3장. 서울 대장 아파트 이야기

4장. After 서울 대장 아파트 입지 분석

1장.

부동산 공부, 도대체 어떻게 시작해야 하나요?

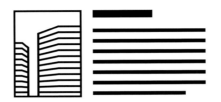

내 집 마련, 어떻게
시작해야 할지 모르겠어요

김전세 씨는 강남구 삼성동에서 반도체 영업을 하는 평범한 직장인입니다. 지방에서 태어나고 자랐지만, 서울에 취직이 되어 살 집을 마련해야 합니다.

아직은 주변 친구 중 집을 산 사람이 많지 않기에 꼭 집을 사야할 필요성은 잘 느끼지 못합니다. 일단 삼성동까지 출퇴근하기 좋으면서 월세도 싼 곳으로 첫 주거지를 잡습니다. 주변 환경과 여러 가지 요인이 썩 마음에 들지는 않지만, 언제든 이사하면 된다고 생각하기에 커다란 고민은 하지 않습니다.

처음 마음에 들지 않았던 것과 달리 시간이 지나고 동네가 익숙해지자 괜찮은 것 같은 기분도 듭니다. 불편했던 부분도 익숙함으로 변해갑니다. 친구들이 동네가 어떻냐고 물어보면 "응, 살기는 엄청 좋아!"라고 답합니다.

몇 년이 지났습니다. 그간 김전세 씨는 처음 자리 잡은 월세에서 전세로 옮겼습니다. 집을 사는 것이 어떻겠냐는 부모님의 권유도 있었지만, '집값이 떨어지면 어떻게 하려고? 전세는 나중에 보증금을 돌려받을 수 있으니까 집값 떨어질 걱정도 없고, 무엇보다 남의 집에 공짜로 사는 거나 마찬가지야!' 하며 2년마다 전셋집을 옮겨 다닙니다.

김전세 씨가 전세를 몇 차례 옮겨 다니는 동안 몇몇 친구들은 집을 샀습니다. 그때마다 잠시 '나도 집을 사야 하나?'라는 생각이 들었습니다. 계속되는 이사도 지쳤고 매번 전세금을 올려주기도 쉽지 않았습니다. 결정적으로 친구들이 모두 집을 사는데 나도 사야 뒤처지지 않을 것 같은 생각도 들었습니다.

하지만 이사를 몇 번이나 다니며, 나름 이사 전문가라고 생각했던 김전세 씨도 정작 어디에 어떤 아파트를 사야 할지 도통 모르겠습니다. 수년간의 경력으로 회사에서 인정받는 최고의 반도체 영업사원이지만 정작 내 집을 사려고 하니 여간 어려운 일이 아닙니다.

부랴부랴 부동산을 공부하려고 해봅니다. 강남이 좋은지는 알지만 엄두도 못 내겠고, 친구인 '박청약'이 받았다며 자랑하는 분양은 매번 높은 경쟁률로 떨어지기만 합니다.

마음이 급해지니 일단 익숙한 주변부터 살펴보기 시작합니다. '살다 보니 여기도 좋았던 거 같아. 이 주변을 알아보자'라는 생각으로 집 근방을 살펴봅니다. 비록 학군도 썩 좋지 않고 교통도 엄청나게 좋은 것은 아니며 딱히 호재는 없지만, 그래도 김전세 씨에게 이 지역은 살기 정말 좋은 곳이었기에(유일하게 살아본 서울이기에) 나름의 확신이 있습니다.

주변에서 집을 한참이나 알아보던 중 이유는 없지만, 왠지 마음이 끌리는 집이 있습니다. 지어진 지 25년 정도 됐고 100세대가 조금 넘는 소규모 아파트입니다. 재건축될 가능성은 거의 없지만, 남향에 빛이 잘 들어온다는 점, 그리고 무엇보다도 대출을 내지 않아도 될 정도로 저렴하다는 점이 김전세 씨의 마음을 붙잡았습니다. 이런 김전세 씨의 마음을 눈치챈 듯 중개업소 사장님 역시 "이만한 집 없어. 물론 집이 25년 정도 돼서 약간 오래된 감이 있지만, 총각이 결혼해서 애 둘 정도 낳고 살기에 끄떡없는 집이야. 이 집 주인들이 하나같이 다 잘돼서 나갔어. 기운이 좋은 집이야. 복 받을 거야"라고 건넵니다. 이 말도 김전세 씨에게 용기와 확신을 가져다줍니다.

　'그래. 내 마음에 드는 집이, 좋은 집이지! 집이 뭐 별거 있나? 남향이고 가격도 저렴하고. 내가 살아보아서 잘 알잖아? 내가 살기 좋은 곳이니 됐어. 이 집으로 하자!'

　물건 하나를 살 때도 인터넷 쇼핑몰에서 할인쿠폰과 여기저기 흩어져 있는 적립금까지 알뜰하게 모아서 물건을 구입하던 김전세 씨는 무엇에 홀린 듯 묻지도 따지지도 않고 덜컥 계약서를 작성합니다.

　'원래 큰일을 치를 때는 큰 그림으로 보아야 한다. 작은 흥정 같은 것은 독이 될 수 있다'라는 대인의 마음으로 말이죠.

집을 산 후, 왜 그 동네를 샀냐는 친구들의 물음에 김전세 씨는 '여기 살아 보니 정말 좋은 곳이야. 물론 학군이랑 교통은 조금 아쉬워. 개발 호재도 없지만, 그래도 정말 살기는 좋아!'라고 확신에 차서 이야기합니다.

그렇게 10년이 지났습니다. 뉴스에서는 나날이 집값이 오른다는 보도가 계속되지만, 김전세 씨의 집값은 전혀 오르지 않습니다. 여전히 김전세 씨에게는 너무나 살기 좋은 아파트이지만, 오르지 않는 아파트 가격에 화가 치밀어 오릅니다. 한 손에는 맥주캔을 들고 오징어를 씹으며 김전세 씨는 분노에 찬 한마디를 던집니다.

"이게 다 정부 때문이야. 이게 다 투기꾼들 때문이라고!"

김전세 씨는 가상의 인물이지만 우리 주변에서 흔히 볼 수 있는 사람들이기도 합니다. 많은 사람들이 김전세 씨와 같이 집을 사야 하는 것은 알겠는데, 어디에 어떤 집을 사야 할지는 모릅니다. 청약도 넣어 보지만 도통 당첨은 쉽지 않습니다. 그마저도 꾸준히 넣지 않고 (또는 아예 넣지 않고) 대신 로또는 매주 성실하게 구매합니다(물론 둘 다 당첨되지는 않습니다). 그렇게 시간이 흐르고 지인들이 하나둘씩 집을 사면 나 역시 집을 사야 할 것만 같습니다. 그래서 이것저것 복잡하게 따지지 않고, 익숙한 곳에 적당한 가격의 아파트를 사게 되는 것이 우리가 가장 흔하게 볼 수 있는 주변인들의 모습입니다.

부동산 공부를 시작한 이래로 주변 지인들에게 가장 많이 듣는 말은 다음과 같습니다.

"부동산 공부를 하고 싶은데 어떻게 시작해야 할지도 잘 모르겠어. 그냥 네가 어디를 사면 좋을지 추천 좀 해줄래?"

이야기를 들어보면 내 집 마련은 하고 싶은데 도대체 어디서부터 시작해야 할지 갈피를 잡을 수가 없다는 것입니다. 어떤 집을 어떻게 사야 할지 모르겠는데 뉴스에서는 연일 집값이 10억 원이 넘는다는 둥, 월급을 10년 넘게 한 푼도 쓰지 않아야 내 집 마련을 할 수 있다는 말이 넘쳐납니다. 서점에 가서 책을 뒤져보기도 하지만, 하나같이 내 이야기와는 동떨어져 있는 듯한 느낌을 받습니다. 저 역시 그랬습니다.

이 책은 그런 분들을 위한 책입니다. 부동산 공부를 새롭게 시작해보고 싶지만 어떤 방식으로 접근하면 좋을지 모르는 분들을 위한 책입니다. 남들이 알려주는 부동산이 아닌, 스스로 공부하고 터득하는 방법을 안내해드리고자 합니다. 책에는 복잡한 차트를 해석하는 방법도, 기가 막힌 타이밍을 알아채는 노하우도, 엄청난 성공 신화도 없습니다. 하지만 책에서 다루는 내용을 하나하나 따라가보고, 나아가 직접 입지 분석을 해보신다면 적어도 현재 부동산 트렌드에 벗어나지 않는 내 집 마련을 스스로의 힘으로 하실 수 있을 것이라

믿습니다.

그럼 지금부터 본격적으로 함께 공부해보도록 하겠습니다.

실패하지 않는 마법의 키워드
'서울', '직주근접' 그리고 '새 아파트'

본격적인 부동산 공부에 앞서 먼저 이해해야 하는 세 가지 마법의 키워드가 있습니다. 바로 '서울', '직주근접' 그리고 '새 아파트'입니다.

첫 번째 마법의 키워드는 '서울'입니다.

서울은 대한민국의 수도이자 대한민국 부동산의 대장입니다. 정치, 경제, 문화, 예술 모든 요소를 두루 갖춘 세계적으로도 손꼽히는 대도시입니다. 서울에 살고 있는 인구 976만 명(2018년도 12월 행정안전부 주민등록인구 현황 기준), 경기 1,307만 명, 인천 295만 명을 포함하면 총 2,578만 명으로 대한민국 인구 총 5,181만 명 중 절반 정도가 서울과 수도권에 직간접적인 수요층으로 살고 있습니다. 이뿐만 아니라 지방에서 거주하며 서울에 투자하는 수요까지 합치면 서울은 전국구 수요임을 알 수 있습니다.

따라서 서울의 주택을 이해한다는 것은 대한민국 사람들이 어떤 집에 살고 싶은지를 의미하는 것과 같습니다.

이처럼 서울은 대한민국 부동산을 이해하고 공부하기 위한 보편성을 가지고 있는 곳입니다. 또한, 트렌드를 살펴볼 수 있는 가장 좋은 교보재(教補材)라고 할 수 있습니다. 따라서 서울의 부동산 흐름만 제대로 살펴보더라도 대한민국 부동산의 보편성과 주요 트렌드에 대해서 이해할 수 있습니다. 나아가 '특수성'을 가진 지방 부동산의 경우 서울에서 공부한 보편성을 기반으로 이해의 범주를 넓힐 수 있을 것입니다. 술자리 시작은 좋은 술로, 부동산 공부의 시작은 서울로 하시기를 권장 드립니다.

두 번째 키워드는 직주근접입니다.

최근 몇 년간 가장 뜨거운 키워드는 YOLO(You Only Live Once), 워라벨(Work-life balance의 줄임말) 또는 소확행(소소하지만 확실한 행복)입니다. 양적으로 성장하는 삶을 넘어 질적으로 성장하는 삶의 고민을 대변하는 키워드라고 할 수 있습니다. 특히 요즘 직장인에게 출퇴근 시간은 삶의 질을 결정짓는 중요한 요소 중 하나가 되었습니다. 통근 때문에 길바닥에서 소모되는 체력과 시간에 대해 생각해보게 된 것입니다.

이러한 트렌드는 고스란히 서울의 주택 가격에 반영되었습니다. 특히 주요 직장지인 강남, 종로, 여의도 일대와 해당 지역의 접근성이 뛰어난 곳의 주택 가격은 천정부지 높아지는 현상을 보였습니다. 최근 그러한 트렌드는 주로 30~40대 고소득 직장인들로부터 시작되었습니다. 직주근접의 아파트를 구매하는 것은 살 집을 구매하는 것뿐만 아니라, 퇴근 후 가족들과 함께할 수 있는 '저녁이 있는 삶'을 구매하는 것임을 깨달았기 때문입니다. 집이라는 상품에는 적정 가격이 있을 수 있지만, 거기에 '가족과의 시간 또는 건강'과 같은 프리미엄이 붙는 순간, 집의 가격표는 파는 사람의 마음에 따라 가격이 결정되는 백지수표가 되어버립니다. 더군다나 그 집이 'limited edition'이라면 더욱 그렇습니다. 한마디로 집 역시 상품의 시대에서 가치의 시대로 진화하게 된 것이죠. 따라서 직주근접은 주택을 구입하는 데 있어서 반드시 고려해야 하는 필수 요소가 되었습니다.

마지막 키워드는 새 아파트입니다.

과거의 경우 새 아파트는 그저 아파트의 연식에만 의의가 있었습니다. 하지만 3세대 또는 4세대 아파트로 분류가 되는 최근 아파트는 때에 따라 아파트 자체의 상품성이 입지를 압도하는 경우를 만들 정도로 강력한 위력을 발휘하기 시작했습니다.

10년 이내 연식의 새 아파트의 트렌드는 다음과 같습니다.

1. 주차 걱정할 필요 없는 지하 주차장
2. 주차장 없이 공원처럼 꾸며진 지상(조경의 극대화, 아이들이 걱정없이 단지에서 뛰어놀 수 있다)
3. 커뮤니티 시설의 극대화(수영장, 헬스장, 골프연습장, 다양한 체험 교육

이 아파트 내에서 가능)

 4. 이전에 없었던 새로운 서비스(조식 서비스, 단지 내 카페테리아, 키즈 카페 등)

새 아파트 그중에서도 1,000세대 이상의 대단지 아파트가 가지는 위력은 대단합니다. 무엇보다 규모의 경제로 다양한 커뮤니티 시설을 구현할 수 있다는 측면에서 과거와는 상품성의 양과 질을 달리합니다.

또 하나의 특징은 서울 새 아파트의 브랜드화입니다. 새 아파트의 상품성이 지역의 브랜드 가치를 압도하는 경우가 생기는 것이죠.

예를 들어 '어디 살아요?'라고 물었을 때 과거에는 "마포 살아"라고 답했다면, 최근에는 "마래푸(마포 래미안 푸르지오) 살아"라고 답합니다. 이처럼 과거에는 지역이 프리미엄이 되었다면, 이제는 해당 지역의 랜드마크라고 할 수 있는 대단지 아파트가 거주민들의 자부심으로 자리 잡게 되었습니다. 이제는 지역의 가치를 넘어 브랜드 가치를 지닌 '새로운 상품의 시대'가 시작된 것입니다.

지금부터 아파트를 고려하실 때는 마법의 단어 세 가지를 기억하시기 바랍니다. '서울', '직주근접', '새 아파트', 이 세 가지만 놓치지 않아도 실패하지 않는 내 집 마련을 할 수 있을 것입니다.

지역 대장 아파트를 통해
부동산 공부 시작하기

앞서 말씀드렸듯이 실거주 아파트를 고려할 때 막막한 이유는 바로 어떤 지역의, 어떤 아파트를 사야 할지 모르기 때문입니다. 서울만 하더라도 무려 25개 구에 522개의 동이 있고, 대략 3,000개 정도의 아파트 단지가 있기에 정확히 어떤 지역에 어떤 아파트를 사야 할지 막막한 것입니다.

그렇기에 대부분 첫 주택은 '김전세' 씨처럼 내가 살았던 곳, 즉 '내가 잘 아는 곳'에 집을 마련합니다. 새로운 지역을 잘 알지 못하는 데서 오는 두려움과 잘 아는 곳이 가져다주는 익숙함이 선택의 폭을 좁히는 것입니다. 선택지는 엄청나게 많지만 도리어 선택지가 많기에 가장 익숙한 선택을 하게 되는 것입니다. 최고급 뷔페에 가서 김밥과 잡채로 배를 채우는 것과 같은 실수죠.

그렇기에 지역에 관한 공부와 이해가 필요합니다. 그리고 그 방법은 의외로 간단합니다.

바로 각 지역의 대장 아파트를 공부하는 것이죠. 대장 아파트는 그 지역의 장점을 고루 갖춘 곳입니다. 서울의 수많은 아파트를 공부할 필요 없이 대장 아파트만 공부하더라도 대략적인 해당 지역의 특성을 파악할 수 있습니다. 많이도 필요 없습니다. 서울 25개 구 대장 아파트를 하나씩만 공부해도 됩니다. 그렇게만 해도 각 구가 가진 장단점은 무엇인지, 서울은 어떤 트렌드로 변하고 있는지, 그리고 나에게 잘 맞는 지역은 어떤 곳인지를 알 수 있습니다. 고가의 부동산 수업을 듣거나 컨설팅을 받지 않더라도, 적어도 실패하지 않고 '내가 살 집'을 스스로 고를 수 있게 되는 것입니다.

그럼 지금부터 차근차근 시작해보도록 하겠습니다.

대장 아파트란 무엇일까요?

대장 아파트란 해당 지역의 랜드마크라고 할 수 있는 아파트로, 일반적으로 그 지역이 가지고 있는 입지적인 요인을 가장 잘 갖춘 아파트입니다. 따라서 대장 아파트만 잘 분석하더라도 그 일대의 아파트들이 어떤 입지 요소를 갖추고 있는지, 또한 일대의 시세는 어떠한지에 대한 이해를 높일 수 있습니다.

해당 지역의 대장 아파트는 일반적으로 일대의 시세를 이끄는 역할을 합니다. 대장 아파트의 시세가 오르고 난 후에 대장 아파트와 입지적인 요소를 공유하고 있는 아파트들 역시 시세가 오릅니다. 따라서 특정 지역의 아파트를 매입할 때는 해당 지역 대장 아파트의 가격 추이가 어떻게 변화하고 있는지, 그리고 주변 아파트들의 시세는 얼마나 동기화되었는지, 아닌지를 살펴보는 것이 적정가격 및 시세 추이를 판별하는 데 큰 도움이 됩니다.

그렇다면 어떤 아파트를 대장 아파트라고 할 수 있는지 살펴보도록 하겠습니다.

일반적으로 해당 지역에서 '시세가 가장 높은 아파트'를 대장 아파트로 여기고 있습니다. 시세만큼 정직한 요소는 없기 때문입니다. 이 책에서는 다음의 세 가지 기준을 모두 갖춘 아파트를 대장 아파트로 선정했습니다.

첫 번째. 10년 이내의 새 아파트
두 번째. 1,000세대 이상의 대단지 아파트
세 번째. 해당 지역에서 가장 시세가 높은 아파트(30~40평 기준 가장 높은 평단가)

첫 번째, 10년 이내의 새 아파트입니다. 새 아파트는 최근 아파트의 가장 큰 트렌드 중 하나입니다. 최근 새 아파트의 열풍은 전통적인 입지 요소를 위협할 정도로 큰 인기를 끌고 있습니다. 특히 서울의 경우 주택의 노후화가 가속되고 있는 것과 최근 재건축·재개발이 점차 어려워지는 상황과 맞물려 향후 5년 이상은 신축이 귀해지는 현상이 있을 것으로 보입니다.

두 번째, 대단지 아파트로 분류되는 1,000세대 이상의 아파트입니다. 1,000세대 이상의 아파트가 가져다주는 의미는 대단지 아파트로써 지역에서 가지는 상징성, 또한 대단지 아파트가 가져갈 수 있는 관리비 절감 및 커뮤니티 시설 등을 극대화할 수 있다는 점에 있습니다.

그리고 마지막으로는 시세가 가장 높은 아파트입니다. 자본주의 사회에서 시세만큼 정직한 지표는 없습니다. 해당 지역에서 동평형 중 가장 비싼 아파트가 바로 대장 아파트입니다.

지금부터는 서울 25개 구 중 3가지 조건에 모두 부합하는 아파트가 있는 14개 구의 대장 아파트를 선정해 입지 분석을 해보도록 하겠습니다. 이 책에서 거론하는 아파트들이 모두 대장 아파트는 아닙니다. 대장 아파트는 공식 인증기관에서 정해주는 것이 아닌 우리들의 마음속에 있는 것인 만큼 독자분들 역시 각자의 기준으로 대장 아파트를 선정해 분석해보시기 바랍니다. 애매할 때는 그 지역에서 가장 비싼 아파트를 정해서 분석하시면 좋을 듯싶습니다.

대장 아파트 분석을 통해 독자분들이 얻어가셨으면 하는 것은 다음과 같습니다.

첫 번째는 적어도 서울 지역의 랜드마크 아파트를 공부해둠으로써 해당 지역의 입지 요소를 이해하는 것입니다. 서울 25개 구 각각의 대표 아파트를 공부함으로써 서울 전 지역의 대략적인 주요 입지 요소를 이해하실 수 있을 것입니다. 이로 인해 첫 주택을 매입할 때 어떤 지역을 선택해야 할지에 대한 감을 잡기를 기대합니다.

두 번째는 스스로 아파트를 분석하는 방법을 터득하는 것입니다. 제가 이 책에 적은 입지 분석은 누구나 할 수 있는 쉬운 방법으로 되어 있습니다. 단순히 제가 한 분석을 읽는 데만 그치지 않고, 직접 선택한 아파트를 책에 나온 방법대로 분석해보시면 어느 순간 자신만의 아파트 입지 분석을 할 수 있으시리라 생각합니다.

마지막으로 대장 아파트끼리 비교 분석해보실 수 있었으면 합니다. 대표적인 예로 송파구의 기존 대장 아파트였던 엘리트(엘스, 리센츠, 트리지움)와 헬리오시티가 있습니다. 해당 아파트의 입지적인 요소와 상품적인 요소를 비교해보면 그 지역과 아파트에 대해 보다 깊이 이해하실 수 있을 것입니다.

자, 이제 저와 함께 서울 대장 아파트를 분석해볼 준비가 되셨나요?
하나하나 차근차근 분석해나가다 보면 여러분도 어느덧 부동산 고수가 되어 있으실 것입니다.

2장.

누구나 쉽게 따라 할 수 있는 입지 분석법

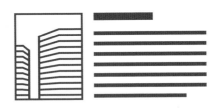

입지 분석은
왜 해야 하나요?

개그맨 장동민 씨의 '그까짓 꺼 대충'이라는 유행어가 있습니다. 무엇이든 어렵게 고민하지 않고 대충하면 된다는 유행어입니다. 아이러니하게도 많은 사람들이 의식주 중 가장 비싼 '집'을 선택할 때 '그까짓 꺼 대충' 결정하는 경우가 많습니다. 한 끼 식사를 할 때도 가성비를 생각하고, 옷을 사 입을 때도 브랜드는 어떤 것인지, 유행은 어떠한지 꼼꼼하게 따지면서 정작 집에 대해서는 너무나도 쉽게 결정하는 것입니다.

하지만 집이야말로 그 어떤 것보다도 꼼꼼히 따져본 후에 구매해야만 합니다. 그 어떤 요소보다도 현재와 미래에 커다란 영향을 미치는 요인이기 때문입니다. 현재에는 가족의 삶 전반에 영향을 줄 수 있으며(출퇴근, 아이의 학교, 환경 등), 미래에는 주요 자산으로써 영향을 미칠 수 있기 때문입니다.

집을 꼼꼼히 따져볼 때는 객관적인 눈으로 바라보는 것이 중요합니다. 내가 살고 싶은 주택을 매입하는 것이 중요하지만, 미래의 시세를 고려해보았을 때 남들도 살고 싶은 요소를 가지고 있는 집을 선택을 하는 것이 현재와 미래, 두 마리의 토끼를 잡을 수 있는 가장 좋은 방법이기 때문입니다. 이렇게 모두가 살고 싶어 하는 주택의 요소를 우리는 '입지'라고 부릅니다.

　적어도 이 책을 읽고 있는 독자분들만큼은 '내가 살 집이라면 반드시 스스로 입지 분석을 꼼꼼히 하고 따져서 구입하라'고 말씀드리고 싶습니다. 특히 투자가 아닌 실거주 주택을 매입할 때 입지는 정말 중요합니다. 투자의 경우 타이밍이 중요하지만, 실거주는 단순히 가격에 따라 매도 시점을 정하기 어려운 측면이 있습니다. 수험생 자녀를 둔 집은 다른 지역으로 이사가 쉽지 않은 것이 한 예입니다.

　이처럼 실거주 주택은 매도 후 이사할 때 가족들의 삶에 지대한 영향을 줄 수 있습니다. 그렇기에 실거주 주택의 매입을 결정할 때는 시간의 세례를 받아서 우상향할 수 있는 주택을 선택하는 것이 중요합니다. 그리고 우리는 그 주요 근거를 입지에서 찾아야 하고요.

　그렇다면 실거주 주택의 마련을 위해서 어떤 입지 요소를 반드시 고려해야 할까요? 적어도 실패하지 않는 실거주 주택 구매을 위해서는 다음 네 가지 요소인 교통, 교육, 환경, 인프라를 고려하시는 것이 좋습니다. 각각의 요소에 대해서 차근차근 살펴보도록 하겠습니다.

반드시 챙겨야 하는
교통·교육·환경·인프라
– 4대 입지 요소 이해하기

입지 요소 중 반드시 챙겨야 하는 것은 교통, 교육, 환경 그리고 인프라입니다. 다음 네 가지 입지 요소가 의미하는 것은 다음과 같습니다.

교통

시세에 가장 큰 영향을 주는 교통은 네 가지 입지 요소 중 가장 핵심입니다. 특히 직주근접의 시대에 가장 중요한 입지 요소는 주요 직장지와의 접근성 여부입니다. 교통 요소로는 철도교통, 특히 지하철의 접근성이 가장 중요합니다.

교육

교통만큼이나 중요하며, 확실하고 꾸준한 수요를 보장하는 입지 요소입니다. 최근 특목고의 대두와 함께 중학교 학군이 크게 중요시되고 있으며, 일반 고등학교의 서울대 진학률 역시 학군을 가늠하는 주요 요소 중 하나입니다. 서울의 주요 학원가와의 거리도 학군 관련 입지에서 고려해야 할 요소입니다.

환경

점차 중요시되고 있는 입지 요소입니다. 환경 자체로 의미가 있기보다는 일반적으로 타 입지 요소와 결합이 되었을 때 시너지를 보입니다. 일반적으로 배산임수의 요소인 물 그리고 녹지 관련 요소를 의미합니다.

인프라

대형마트와 같은 상업 시설부터 병원, 역사 문화 시설을 포함해 생활 속에서 누릴 수 있는 인프라를 의미합니다. 단독으로 있을 때보다는 타 입지 요소와 함께할 때 시너지를 더하는 입지 요소입니다.

각 입지 요소를 어떻게 살펴보아야 할지 알아보도록 하겠습니다.

<교통>

똑똑한 입지 요소. 이것 하나만 제대로 파악해도 무방!

입지 요소에서 가장 중요하며, 시세에도 가장 큰 영향을 주는 것은 교통입니다. 최근 들어 '삶의 질'이 중요한 화두로 자리 잡으면서 '직주근접'이 주택 구매의 최선으로 고려되고 있습니다. 따라서 교통은 그 어느 때보다 중요합니다.

교통에 대한 입지 분석은 서울의 경우 철도교통, 즉 지하철에 의해 판가름 난다고 볼 수 있습니다. 버스 또는 자동차의 경우 주요 출퇴근 시간에는 변수가 크며, 많은 직장인이 지하철로 통근하기 때문입니다. 따라서 서울의 지하철 노선만 제대로 이해하더라도 대략적인 교통 입지를 이해할 수 있습니다.

서울과 수도권의 경우 총 22개의 지하철 노선이 있습니다. 그중 입지에 가장 큰 영향을 미치는 것은 다름 아닌 주요 직장지(강남, 종로, 여의도)와 직간접적으로 연결되는 지하철 노선입니다. 일반적으로 2호선, 3호선, 9호선, 신분당선의 경우 주요 직장지와 직접 연결되기에 황금 노선이라고 할 수 있습니다. 특히 3호선, 9호선, 신분당선의 경우 연장 계획이 있어 그 가치가 더해질 것으로 보입니다. 노선이 연장된다는 것은 해당 노선의 영향권이 넓어진다는 것을 의미하고, 이는 해당 노선의 가치 및 해당 노선이 지나가는 지역의 가치를 높여주기 때문입니다. 따라서 어떠한 노선이 확장될 경우 해당 지역의 부동산 가치가 어떻게 변하는지를 살펴보는 것 역시 교통 입지를 바라보는 핵심 중 하나입니다.

지하철의 가치를 살펴볼 때 가장 중요한 요소는 해당 아파트에서 가장 가까운 지하철역에서 주요 직장까지의 접근성입니다. 해당 아파트의 일반적인 선호도를 살펴보기 위해서는 역시 3대 직장지와의 접근성을 확인해보아야 합니다. 서울에서 가장 직장이 많은 강남, 종로 일대 그리고 여의도 접근성을 확인해보는 것이 중요합니다.

마지막으로 아파트에서 지하철역까지의 접근성 역시 고려해야 할 사항입니다. 일반적으로 도보 5분 내외의 거리에 지하철역이 있는 경우 초역세권, 10분 이내는 역세권으로 분류합니다. 교통이 최우선이라면 지하철역이 도보 10분 이내에 있는 아파트를 고려하는 것이 좋습니다.

<교육>

학군이 중요하다는 제 말을 전적으로 믿으셔야 합니다

교통 못지않게 중요한 요소가 교육입니다. 시세가 높은 지역일

수록 중요성이 더욱 커지는 특성이 있으며, 부동산 침체기일 때 하방 경직성을 가지게 해주는 요소입니다. 교통이 부동산 상승기에 시세를 견인하는 창과 같은 역할을 한다면, 교육의 경우 부동산 하락기에 시세를 견고하게 방어해주는 방패와 같은 특성이 있습니다. 또한, 교통의 경우 신규 노선이 생길 때 우위가 바뀔 수 있는 반면, 교육의 경우 가치가 누적되는 특성이 있습니다. 웬만하면 서열이 변하지 않으며 시간이 갈수록 가치가 누적되는 특성이 있습니다.

대한민국 부동산 역사를 통틀어 학군의 우위가 뒤바뀌었던 적은 딱 한 번 있었습니다. 바로 1970년대 강남 개발을 위해 주요 명문 고등학교를 강북에서 강남으로 이전했던 사건입니다. 당시와 같은 정부 주도로 인한 급진적인 이전이 있지 않은 이상, 앞으로도 이미 형성된 '강남 8학군'의 위상을 뒤엎을 가능성은 크지 않습니다. GTX 등의 교통 혁명을 현실화했을 때 최고의 교통 입지는 변할 수 있지만, 10년, 20년 후에도 대한민국 최고의 학군은 대치동일 가능성이 높습니다. 한마디로 커다란 변수가 없는 '안정적인' 입지 요소로 볼 수 있습니다. 실거주자 및 투자자의 입장에서는 흔들리지 않는 가치에 투자한다고 볼 수 있기에 반드시 고려해야 하는 요소입니다.

학군에서 생각해야 하는 요소는 크게 세 가지가 있습니다.

첫 번째, 특목고 진학률
두 번째, 해당 지역에서 배정되는 일반고의 서울대 진학률
세 번째, 주요 학원가 접근성

현재 대학입시 제도에서 최상위의 진학성적을 보이는 곳은 과학고, 외고, 국제고, 그리고 유명 자사고를 포함한 특목고입니다. 특목고의 경우 중학교에서 지원해 선발되기 때문에 현재는 고등학교보다 특목고에 진학하는 중학교 학군이 더욱 중요한 상황입니다.

　2019년 서울대 진학률을 살펴보아도 이러한 특성은 두드러지게 나타납니다. 10위권 순위에 일반고는 단 한 곳도 없이(단대부고 11위) 모두 외고, 영재고, 자사고가 순위를 차지하고 있습니다.

순위	고교명	서울대 합격자수(정시·수시 포함)	시·도	소재	고교
1	외대부고	73	경기	용인시	자사(전국)
2	서울과고	56	서울	종로구	영재
3	대원외고	53	서울	광진구	외고
4	하나고	51	서울	은평구	자사
5	경기과고	49	경기	수원시	영재
6	대전과고	43	대전	유성구	영재
7	대구과고	42	대구	수성구	영재
8	상산고	38	전북	전주시	자사
9	민사고	31	강원	횡성군	자사(전국)
10	인천영재	30	인천	연수구	영재
11	단대부고	28	서울	강남구	일반(평준)

출처 : 베리타스알파(http://www.veritas-a.com/news/articleView.html?idxno=142933)

　100위권으로 살펴보면 경향이 보다 확실하게 드러납니다. 서울대 합격자 수 1위부터 100위까지의 순위권에서 일반고가 차지하는 비중은 35%입니다. 서울대 합격자 수로 보면 특목고 강세가 더 두드러지게 나타납니다. 일반고(평준) 지역의 합격자 수는 365명으로,

총 1,519명 중 24%에 그치고 있습니다. 한마디로 학군에 있어서 특목고의 시대에 산다고 보아도 무방한 것입니다. 이는 고등학교 학군보다 특목고에 진학하는 중학교 학군이 더욱 중요함을 의미합니다.

하지만 단순히 특목고 진학률로 학군을 100% 판단할 수는 없습니다. 특정 지역 일반고의 경우 특목고에 버금가는 학업성취를 보이는 지역은 큰 의미가 없습니다. 따라서 일반고의 서울대 진학률만 별도로 확인하는 것 역시 대략적인 학군을 알아보기 위한 주요 요소입니다.

2019년 서울대 진학 기준 상위 100위 내에 있는 학교의 이력을 살펴보는 것이 의미가 있습니다. 대략적인 서울 지역의 학군 지도를 살펴볼 수 있습니다.

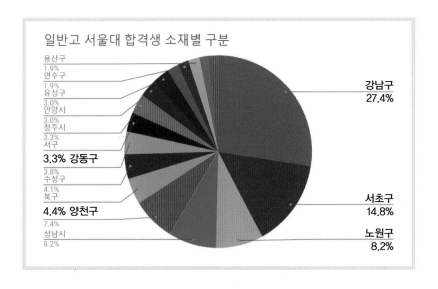

소재	서울대 합격자수(정시·수시 포함)	소재	서울대 합격자수(정시·수시 포함)
강남구	100	청주시	12
서초구	54	안양시	11
노원구	30	유성구	11
성남시	30	송파구	7
양천구	27	연수구	7
북구	16	용산구	7
수성구	15	광진구	6
강동구	14	수원시	6
서구	12		

출처 : 베리타스알파

확실히 강남구의 강세가 두드러집니다. 전체 일반고 합격자 중 무려 27.4%가 강남구에서 배출되었습니다. 서초구 역시 만만치 않습니다. 14.8%로 압도적인 2위입니다. 다음 순위로는 전통적인 학군의 강호 노원구, 그 뒤로는 목동으로 대변되는 양천구, 그리고 강동구가 뒤따르고 있습니다.

해당 지역의 경우 일반고의 학군이 두드러지게 좋은 곳으로 특목고 진학률이 아닌, 자체 학군의 메리트가 있는 곳으로 판단하는 것이 좋습니다.

서울 학원가의 경우 3대 학군 지역으로 불리는 대치동, 목동, 중계동 학원가의 접근성이 일대 시세에 영향을 미치고 있습니다. 대치동, 목동, 중계동이 아니더라도 해당 지역에 접근성이 좋은 것만으로도 시세에 영향을 주기도 합니다. 따라서 학군 입지 파악 시 해당 지역에 접근성이 얼마나 좋은지, 특히 라이딩(학부모가 자가 차량으로 학원에 데려다주는 것을 의미하는 용어) 가능 여부를 확인할 필요가 있습니다.

앞서 말한 것과 같이 학군의 경우 대세 상승기보다는 하락기 또는 정체기에 더욱 큰 가치를 가집니다. 학군 수요의 경우 초등학교 6년, 중학교 3년, 고등학교 3년과 같이 중장기적인 니즈(Needs)를 가지게 됩니다. 따라서 주요 학군이 형성된 지역의 경우 수요는 꾸준하며, 동시에 오랜 기간 거주하는 특성을 보이기에 단기적인 이주가 드물며 이로 인해 순환이 상대적으로 원활하지 않은 특성이 있습니다.

따라서 자녀가 있는 경우, 그리고 중장기적으로 부동산을 보유하고자 하는 경우에는 반드시 학군을 고려하실 것을 권장해드립니다.

<환경>
살어리 살어리랏다. 청산에 살어리랏다

향후 중요성이 더욱 커질 수 있는 입지 요소입니다. 이미 시세로 어느 정도 반영이 된 교통 및 학군 요소와는 다르게 '웰빙'과 '건강'에 대한 가치가 높아질수록 더욱 빛을 보게 될 잠재력이 높은 입지 요소입니다.

일반적으로 환경 요소는 물과 관련된 요소(강, 하천, 호수) 또는 녹지와 관련된 요소(산, 공원) 등이 있습니다.

그중에서 최근 가장 큰 프리미엄은 한강입니다. 세계적으로도 손꼽히게 잘 조성된 한강공원은 접근성뿐만 아니라 한강 조망이 되는지 여부가 시세에 큰 영향을 미칩니다.

하천 역시 큰 프리미엄입니다. 양재천과 같은 유명 하천은 지역민들의 산책로로 널리 사랑받고 있습니다.

녹지 요소 역시 날이 갈수록 중요해지고 있습니다. 최근 아파트 근처에 숲이 있으면 '숲세권'이라고 일컫습니다. 환경에 대한 관심이 높아지면서 녹지 공간이 삶 속에 있는 게 무엇보다도 중요해지고 있는 상황입니다.

또한 대형 공원이 인근에 있는 것 역시 중요합니다. 가족들과 산책하며 시간을 보낼 수 있는 공원 역시 프리미엄입니다.

환경이라는 입지 요소는 삶의 질이 점차 높아질수록 그 중요성이 더해질 것으로 판단됩니다. 따라서 중장기적인 안목으로 집을 바라본다면, 환경 역시 반드시 챙겨야 하는 입지 요소입니다.

<인프라>
나는 비광(Feat. 영화 〈스카우트〉)

'비광'은 영화 〈스카우트〉에서 곤태(박철민)가 짝사랑하는 세영(엄지원)을 위해 썼던 시입니다. 곤태 역을 맡았던 박철민 씨는 이 시가 너무 좋아서 본인이 감독으로 있는 사회인 야구단의 이름을 '비광'으

> 비광 영화 〈스카우트〉 중에서
>
> 나는 비광
> 섰다에는 끼지도 못하고,
> 고스톱에선 광 대접 못 받는
> 미운 오리새끼
>
> 나는 비광
> 광임에도 존재감 없는 비운의 광
> 차라리 내 막내 비 쌍피가 더 인기 많아라
> 하지만 그대,
> 이것 하나만은 기억해주오
> 그대가 광박 위기를 맞을 때 지켜주는 것은
> 나 비광이요
> 그대의 오광 영광을 위해서도 꼭 필요한 것은
> 나 비광인 것을
>
> 나는 비광
> 없어 보아야 소중함을 알게 되는
> 슬픈 광

로 지었다고 합니다. 시에서처럼 비광은 홀로 빛을 내지는 못하지만 함께했을 때 더욱 빛을 발하고, 없으면 아쉬운 존재입니다.

입지 요소 중 인프라는 화투로 치면 비광 같은 존재입니다. 혼자서는 주택을 결정하게 되는 주요 요소는 아니지만, 기존 입지 요소가 충족된 상황에서 추가적인 요인으로 더해질 때 비로소 빛을 발하게 됩니다.

인프라로 고려되는 요소에는 일반적으로 생활에 도움을 주는 상권, 그리고 건강에 대한 관심이 커질수록 중요해지는 병원 인프라, 그리고 문화, 예술과 관련된 인프라가 있습니다. 삶의 질에 관련된 요소가 핵심으로 자리 잡게 되면서 그 중요성은 더해지고 있습니다.

인프라 중 상권은 '주부들이 좋아하는 상권'이 핵심입니다. 백화점, 대형마트, 복합몰은 대표적으로 주부들이 선호하는 상권이라고 할 수 있습니다. 특히 스타필드로 대변되는 대형 복합몰의 경우 단순히 장을 보러 가는 장소를 넘어 종합적인 문화를 즐길 수 있는 공간으로 변모하고 있습니다. '스타필드' 하나만 보고 이사 가는 사람은 없겠지만, 동일한 입지 요소일 때는 걸어서 스타필드를 갈 수 있는 집을 결정할 것입니다.

병원 인프라 역시 중요합니다. 100세 시대로 접어드는 요즘은 대형 병원 접근성이 그 어느 시대보다 중요해지고 있습니다. 특히 고소득 노년층의 경우 대형 병원의 접근성이 또 하나의 중요한 입지 요인으로 자리매김하게 될 것입니다.

문화, 예술 인프라 역시 매우 중요한 입지 요소입니다. 과거에는 크게 중요시하지 않았지만, 최근에는 퇴근 이후 걸어서 집 주변의 문화 예술 요소를 누릴 수 있는 것이 무엇보다 중요해지고 있습니다. 종로구의 대장 아파트인 '경희궁 자이'는 주요 궁을 갈 수 있는 '궁세권'으로 그 가치를 더했습니다.

이 네 가지 요소만 꼼꼼히 살펴보고 집을 매입해도 크게 실패하지 않는 내 집 마련을 할 수 있습니다. 모든 것을 다 갖추고 있으면 의심할 필요 없는 최고의 실거주 주택이며, 네 가지를 모두 충족하지 않더라도 똘똘한 입지 요소를 한두 가지만 충족하고 있더라도 훌륭한 첫 시작이 될 수 있습니다.

가장 피해야 할 것은 "살아 보니 살기 좋더라" 하는 말입니다. 많은 이들이 본인이 태어난 곳, 또는 어쩌다 보니 오래 거주한 곳을 선호하는 경향이 있습니다. 바로 익숙함이 '장점'이라고 잘못 여기고 있기 때문입니다. 중요한 것은 나의 익숙함이 아닌, 다른 사람들 역시 살기 좋은 곳이라고 인정하는 곳을 매입하는 것입니다. 그래야 주거지로써 그리고 핵심 자산으로써 실패하지 않는 주택을 구입할 수 있습니다.

해당 입지 요소를 살펴보았다면 추가로 살펴보아야 하는 것은 바로 개발 호재와 아파트의 상품성입니다. 특히 아파트 상품성의 경우 최근 많이 대두되고 있는 요소입니다. 경우에 따라 입지 요소 중 하나인 인프라를 대체하는 경우가 있어 반드시 고려해야 합니다.

하지만 이 두 가지 요소는 개별성을 띠고 있는 측면이 있습니다. 지역 및 상황에 따라 다를 수 있다는 측면에서 입지를 배제한 두 가지 요소만 고려해서 주택을 구입하면 실패할 가능성이 있습니다. 따라서 핵심 입지 요소를 고려한 뒤 플러스 알파로 '개발 호재'와 '새 아파트'와 같은 아파트의 상품성을 고려하시길 권장합니다.

서울 대장 아파트 입지 분석 무작정 따라 하기

입지 분석에 좋은 툴(Tool) 소개

부동산 분야에서 언제나 '현장에 답이 있다'라는 말은 정답입니다. 또 유홍준 교수님의 저서 《나의 문화유산답사기》에서 나오는 유명한 문구인 '아는 만큼 보인다'는 부동산에서 역시 유효한 말임에 틀림없습니다.

현장에 직접 가기 전에 미리 예습을 철저히 하고 방문하면 그 효과는 배가 됩니다. 발품을 팔기 전에 집에서 직접 입지를 분석하는 손품(!)이 중요합니다.

이번 장에서는 본격적인 입지 분석에 앞서 입지 분석에 좋은 툴(Tool)을 소개해드리고자 합니다. 모두 무료로 제공되는 툴로 집에서 누구나 쉽게 사용할 수 있습니다. 부동산은 다른 투자와는 달리 모

든 이에게 동일한 정보가 공개된다는 장점이 있습니다. 따라서 지금
소개해 드리는 툴만 잘 사용하셔도 전문가 못지않은 입지 분석을 하
실 수 있을 것입니다.

1. 부동산 지인 (https://aptgin.com)
2. 다음 지도 (http://map.daum.net)
3. 학교 알리미 (https://www.schoolinfo.go.kr)
4. 호갱 노노 (https://hogangnono.com)
5. KB시세 (https://onland.kbstar.com)
6. 국토교통부 실거래가 (https://rt.molit.go.kr)

이 여섯 가지 도구만 사용하더라도 입지 분석은 충분합니다.
각각은 다음과 같은 요소로 사용될 예정입니다.

첫 번째, '부동산 지인'입니다.
개인적으로 현존하는 최고의 무료 부동산 툴이라고 생각합니다.
특별히 통계청을 비롯해 복잡한 데이터를 뽑아볼 필요 없이 해당 사
이트에서 거의 모든 정보를 찾을 수 있습니다. 특히 전국의 아파트
자료를 필터링 할 때 유용하게 사용되며, 이 책에서는 각 지역의 대
장 아파트를 찾는 데 주로 사용하게 될 예정입니다.

두 번째, '다음 지도'입니다.

누구나 알고 있는 툴입니다. 주요 입지 요소를 찾기 위해 사용될 예정입니다. 현장 방문 전에 주변에서 살펴보아야 할 4대 입지 요소를 찾고, 집에서 편하게 모의 임장을 해볼 수 있도록 도와주는 툴입니다. 1㎞, 4㎞ 반경을 살피고 소요 시간 및 면적을 살펴보는 데 좋습니다.

세 번째, '학교 알리미'입니다.

해당 지역의 대략적인 학군을 알아보는 데 사용할 툴입니다. 학군의 경우 손품으로만 확인하기에는 어려움이 있습니다. 하지만 중학교 특목고 진학률을 통해 대략적인 학군에 대해서 살펴볼 수 있습니다.

네 번째, '호갱 노노'입니다.

최고의 부동산 툴 중 하나입니다. 가장 좋은 점은 아파트 입주민들의 의견을 생생하게 들을 수 있다는 것입니다. 양질의 정보가 많이 쌓인 곳으로 살아보지 않으면 알 수 없는 아파트의 뒷이야기들을 해당 사이트를 통해서 확인할 수 있습니다.

다섯 번째, 'KB시세'입니다.

아파트의 시세를 나타내는 객관적인 지표 중 하나로 사용되고 있으며, 주택담보대출을 할 때 시세의 기준이 되는 지표입니다.

여섯 번째, '국토교통부 실거래가'입니다.

국토교통부에서 운영하는 아파트, 연립주택, 빌라, 다가구주택의 실거래가 조회 서비스입니다. 가장 확실한 지표인 최근에 거래된 가격과 거래량을 살펴볼 수 있다는 측면에서 큰 의미가 있습니다.

몇 년 전 대한민국을 뜨겁게 달구었던 〈미생〉이라는 드라마에는 다음과 같은 대사가 나옵니다.

'사무실도 현장이고, 현장의 전투화는 슬리퍼입니다.

주인공 장그래가 현장만을 중요시하는 한석률이라는 동료에게 사무실 업무 역시 또 다른 현장이라는 것을 알려주기 위해 한 말입니다.

부동산에서도 역시 손품과 발품의 관계는 이와 같습니다. 현장의 일은 사무실에서 완성이 되고, 사무실에서 이루어진 피드백이 현장에서 반영됩니다. 부동산 역시 발품이 완성되기 위해서는 완벽한 손품이 필요한 법입니다.

이런 툴을 사용해서 내 집 마련의 미생에서 완생으로 나아가기를 바랍니다. 지금부터 본격적인 손품 팔기를 시작해보도록 하겠습니다.

<대장 아파트 찾아보기>
부동산 지인

앞에서 말씀드린 것과 같이 이 책에서는 다음과 같은 기준으로 대장 아파트를 선별하고자 합니다.

첫 번째. 10년 이내의 새 아파트

두 번째. 1,000세대 이상의 대단지 아파트

세 번째. 해당 지역에서 가장 시세가 높은 아파트(30~40평 기준 가장 높은 평단가)

'부동산 지인'에서는 가격별로 쉽게 아파트를 찾아볼 수 있도록 구성되어 있습니다. 다음과 같은 절차로 가격별 아파트를 찾을 수 있습니다.

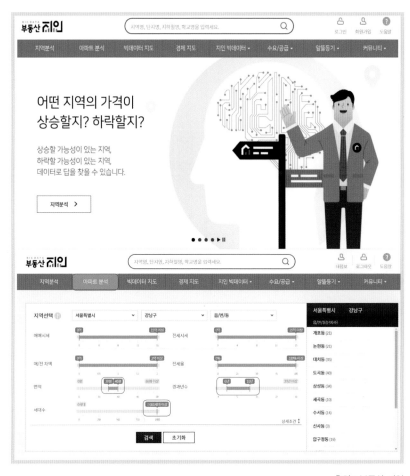

면적은 가장 많은 수요를 보이는 30~40평대로 선택하며, 세대 수는 1,000세대 이상, 경과 연수는 0년에서 10년 이내 새 아파트로 선정합니다.

출처 : 부동산 지인

　　해당 지역의 아파트 목록이 나오게 됩니다. 평당 시세를 확인하기 위해 '평당'을 누릅니다.

출처 : 부동산 지인

'시세' 부분을 클릭해 평당 시세가 높은 곳을 검색을 합니다. 다음과 같은 방법으로 각각 지역의 평당 시세가 가장 높은 대장 아파트를 선정할 수 있습니다.

<숫자로 살펴보는 아파트>
부동산 지인 / KB시세 / 국토교통부 실거래가

본격적인 입지 분석에 들어가기 이전에 반드시 알아야 하는 숫자들이 있습니다.

가장 먼저 살펴볼 지표들은 아파트의 다양한 정보입니다. 해당 정보를 살펴보기 위해 먼저 '부동산 지인'에 들어가서 원하는 아파트를 검색합니다.

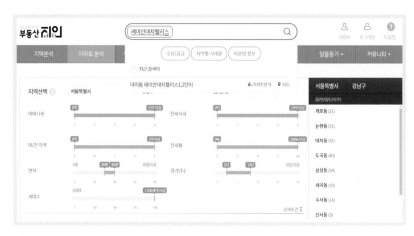

출처 : 부동산 지인

아파트분석을 눌러줍니다.

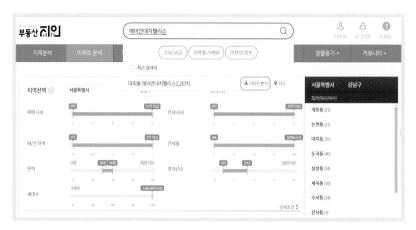

출처 : 부동산 지인

총 세대수, 총 동수, 준공년월, 세대당 주차대수, 그리고 오른쪽에는 각 평형당 세대수가 나옵니다.

출처 : 부동산 지인

    총 세대수의 경우 1,000세대가 넘는지를 확인해보는 것이 좋습니다. 1,000세대가 넘으면 대단지 아파트로 분류되어 조경 및 커뮤니티 시설이 잘 갖추어져 있을 가능성이 큽니다.

    준공년월도 반드시 살펴보아야 하는 숫자입니다. 최근 새 아파트로 분류되는 기간이 다소 짧아지는 경향이 있지만 일반적으로 10년 이내의 아파트는 새 아파트로 보고 있습니다. 지역마다 새 아파트의 분류는 상대적일 수 있지만, 되도록 높은 상품성으로 평가받는 10년 이내의 아파트를 구입하는 것이 좋습니다. 0~10년은 새 아파트, 10~20년은 아파트의 상품성 자체에 커다란 메리트는 없지만 그렇다고 해서 크게 문제가 되지 않는 연식, 20년 이상은 아파트의 상품성이 상대적으로 낮아지게 되는 아파트로 평가됩니다.

    추가로 용적률, 건폐율 역시 살펴볼 필요성이 있습니다. 용적률과 건폐율은 해당 아파트가 얼마나 빽빽하게 지어졌는지를 가늠할 수 있는 요소로 특히 일조권, 조망권에 영향을 줄 수 있습니다. 따라서 해당 수치를 파악 후 직접 임장을 통해 확인하는 것이 중요합니다.

세대당 주차 대수 역시 매우 중요합니다. 최근 차량을 2대 이상 보유한 가구가 많아짐에 따라 주차 대수도 중요한 요소가 되고 있습니다. 세대당 1.2대 이상이면 주차에 크게 무리가 있는 수준은 아니지만 꼼꼼하게 살펴볼 필요가 있으며, 세대당 1대 미만 수준이라면 주차가 쉽지 않을 수 있습니다.

다음과 같은 요소들을 확인해 대장 아파트의 대략적인 규모와 환경을 파악하는 것이 임장에 도움이 될 것입니다. 숫자로 이해하기 힘든 용적률, 건폐율과 같은 부분은 실제로 임장을 가서 확인하게 되면 큰 도움이 될 것입니다.

두 번째로 확인해볼 것은 시세입니다.

시세는 크게 두 가지로 확인할 수 있습니다. 첫 번째는 KB시세 두 번째는 국토교통부 실거래가입니다.

KB시세는 시장에서 해당 아파트의 객관적인 시세 지표로써 활용되며, 특히 주택담보대출 시 해당 아파트 가치의 기준이 됩니다. 시장이 급변할 시에 단기적으로 변화를 따라가지 못한다는 단점이 있지만, 전체적인 흐름을 살펴본다는 측면에서 의미가 있는 지표입니다.

지금부터 KB시세를 함께 살펴보도록 하겠습니다.

KB시세 사이트에 접속해 매물/시세를 클릭합니다.

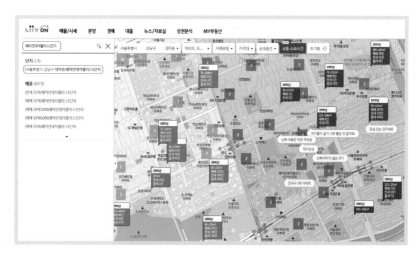

원하는 아파트를 검색해 선택합니다.

출처 : KB리브온

면적에 따른 시세를 확인할 수 있습니다.

국토교통부 실거래가도 확인해보도록 하겠습니다.

출처 : 국토교통부

내 집 마련, 서울 대장 아파트에 답이 있다!　　　**64**

국토교통부 실거래가 공개시스템 사이트에 접속해서 아파트를 클릭합니다.

아파트 단지명을 검색해서 클릭합니다.

2장. 누구나 쉽게 따라 할 수 있는 입지 분석법

다음과 같이 해당년도에 면적에 따른 실거래가를 확인할 수 있습니다.

<집에서도 할 수 있는 입지 분석>
다음 지도

가장 손쉽게 접할 수 있으며, 그 어떤 입지 분석보다도 중요한 지도를 통한 입지 분석입니다.

1㎞, 4㎞ 내외 입지로 구분하기

입지를 분석할 때 사용하는 방법의 하나로 1㎞ 내외의 입지와 4㎞ 내외의 입지를 구별해서 분석하는 것입니다.

해당 거리를 두 가지로 분류한 기준은 다음과 같습니다.

1㎞는 도보로 대략 15분 정도 걸리는 위치를 의미하며, 도보권 내의 입지 요소를 찾아보기 위함입니다.

4㎞는 차량으로 10분 내외의 거리입니다. 차량으로 부담 없이 이동할 수 있는 거리로 영향을 받을 수 있는 입지 요소를 찾기 위함입니다.

또한 4㎞ 반경에 어떠한 이웃이 있는지 살펴보는 의미가 있습니다. 특히 주요 직장지와의 거리가 4㎞ 내외 반경에 존재한다면 경우에 따라 철도 교통뿐만 아니라 대중교통 노선, 또는 도로 교통의 작은 개선으로도 대폭적인 입지 개선 효과를 가져다줍니다.

그렇다면 본격적으로 지도를 통한 입지 분석을 시작해보도록 하겠습니다.

1㎞ 내외에 살펴보아야 할 것

철도

가장 먼저 살펴보아야 할 요소입니다. 철도 교통, 특히 지하철이 1㎞ 내외에 있는지를 살피는 것이 매우 중요합니다. 특히 지하철 노선이 아파트 정문으로부터 5분 내외에 있는 경우는 초역세권, 10분 이내에 있는 곳은 역세권으로 분류되며, 시세 및 입주민들의 만족도에 큰 영향을 주게 됩니다.

교통이 확인된 이후에는 주요 직장과의 시간을 확인하는 것이 좋습니다.

3대 직장과의 소요 시간에 따라 주요 수요지가 어디인지를 대략 파악할 수 있기 때문입니다.

학교

가장 중요한 것은 초품아(초등학교를 품고 있는 아파트를 의미한다. 아파트 단지 내에 초등학교가 포함되어 있거나 또는 큰길을 건너지 않고 통학이 가능한 아파트를 말한다)인지 여부입니다. 학부모들이 중요하게 여기는 요인 중 하나는 바로 큰 도로를 건너지 않고 자녀를 통학시킬 수 있는지입니다. 따라서 '초품아' 아파트는 언제나 자녀를 둔 부모에게는 1순위 고려대상입니다. 만약 단지가 초등학교를 품고 있지 않다고 하더라도 절대적인 거리가 도보 10분 이내를 넘지 않는 것이 중요합니다. 10분이 넘는 먼 거리일수록 학부모들의 선호도가 떨어질 가능성이 크기 때문입니다.

중학교와 고등학교의 경우 상대적으로 초등학교보다 통학 거리가 크게 중요하지 않지만, 그래도 도보 10분 이내에 있는 것이 좋습니다. 따라서 학교와의 거리는 지도를 통해 반드시 확인할 필요가 있으며, 특히 초등학교의 경우 현장 방문 시 직접 걸어 보며 시간을 확인해보는 것이 중요합니다.

학원가와의 거리도 핵심적으로 확인해야 하는 부분입니다. 입시가 중요한 중·고등학생들은 주요 학원가로 이동하는 시간이 학교 이동 시간보다 중요한 경우가 많습니다. 따라서 학군이 뛰어난 입지의 경우 주요 학원가까지 걸리는 시간을 확인해야 합니다. 특히 대치동, 목동, 중계동 학원가 인근의 경우 직접 아이를 차에 태워 데려다주는 '라이딩' 시간 역시 고려해야 하는 요소 중 하나입니다. 현장에 가서 직접 확인하기에 앞서 대략적인 시간을 파악하는 것이 지도를 통해 살펴볼 방법입니다.

환경

환경 요소는 크게 두 가지로 확인할 수 있습니다. 물과 관련된 요소, 그리고 녹지에 관련된 요소입니다.

전자의 경우 천혜의 자연 요소인 강과 천이 있고, 지방의 경우에는 바다도 있습니다. 인공적인 요소로는 호수공원이 있습니다.

녹지는 산과 공원이 있습니다.

해당 요소에서 중요한 것은 접근성입니다. 도보로 접근할 수 있어 물리적, 심리적으로 가까운 거리에 있다면 최고입니다. 특히 단지 내 조경의 규모가 크지 않다면 인근의 자연이 큰 만족도를 줄 수 있습니다.

최근 중요시하는 요소 중 하나인 숲세권의 경우 주요 숲(산, 공원)이 단지와 얼마만큼 연계성을 가졌는지 살펴보아야 합니다. 단지가 산과 공원 산책로와 직접 연결된다면 큰 메리트가 있습니다.

인프라

1. 상권 – 백화점, 대형 마트 등
2. 생활 편의 요소 – 대형 병원, 관공서 등
3. 문화, 예술 관련 요소 – 도서관, 박물관, 미술관, 문화예술회관, 체육관 등

해당 인프라와의 접근성을 살펴볼 때는 먼저 직선거리로 살펴보아도 무방합니다. 모든 요소의 도보 거리를 지도를 통해 가늠해 보

는 것보다는 실제로 생활할 때 얼마만큼 거리가 있는지는 임장으로 확인해보는 것이 좋습니다.

관건은 심리적으로 도보로 접근할 수 있는 거리인 1㎞ 내외에 존재하는지 여부입니다.

4㎞ 내외 입지 분석의 의미

4㎞ 내외의 입지를 분석해 보는 것은 1㎞ 내외의 입지를 보는 것과는 조금 다른 의미가 있습니다. 1㎞ 내외의 입지의 경우 실거주에 직접적인 영향을 미치는 요인이지만, 4㎞ 내외의 입지는 해당 지역이 주변 지역과 어떠한 상호작용을 하며 성장할 수 있는지에 대한 '성장 가능성'을 확인할 수 있는 데 의의가 있습니다.

'근주자적(近朱者赤)'이라는 사자성어가 있습니다. '붉은색을 가까이하면 붉어진다'라는 의미로 주위 환경이 중요하다는 의미입니다. 이는 부동산에도 적용이 되는 말입니다. 4㎞ 반경 이웃이 훌륭한 입지를 갖춘 곳이라면 필연적으로 동반 상승하게 됩니다. 부동산은 단순히 자체 부동산의 입지뿐만 아니라 주변과 함께 이어지는 연계성을 보아야 합니다.

예를 들어, 과거 옥수동은 달동네로 불렸지만, 훌륭한 이웃 동네 덕에 과거와는 다른 위상을 가지게 되었습니다.

학교 알리미를 통한 학군 분석

학군의 경우 정량적인 수치로 판단하기 어려운 측면이 있습니다. 일반적으로 학군의 경우 서울대 진학률로 판가름하는데, 특목고의 서울대 진학률이 일반고의 서울대 진학률을 압도하는 시대이기에 지역 일반 고등학교의 서울대 진학률로만 학군을 판단하기는 힘들기 때문입니다. 따라서 고등학교 학군보다는 특목고를 보내기 위한 중학교 학군이 최근 몇 년간 중요시되어 왔습니다. 따라서 현 시점에서 학군을 판단할 수 있는 것은 특목고를 많이 보내는 중학교 학군으로 대략적인 학군을 살펴볼 수 있습니다.

중학교의 특목고 진학 성적은 학교 알리미라는 공시정보를 통해서 판단할 수 있습니다. 물론 단순히 특목고 진학률로 해당 지역의 학군을 논할 수는 없습니다. 하지만 지난 몇 년간의 대략적인 트렌드와 적어도 해당 지역에서 선호되는 중학교를 살펴볼 수 있다는 측면에서 학교 알리미를 통한 학군 분석은 누구나 쉽게 접근할 수 있는 방법입니다.

그렇다면 지금부터 학교 알리미 사용 방법을 소개하겠습니다.

학교 알리미 사이트 방문(https://www.schoolinfo.go.kr)

출처 : 학교알리미

'학교 알리미'에서 공시정보에 들어갑니다.

출처 : 학교알리미

공시자료 검색에서 공시항목선택을 클릭합니다.

출처 : 학교알리미

학생현황에서 졸업생의 진로 현황을 선택합니다.

출처 : 학교알리미

검색하고자 하는 중학교를 검색합니다.

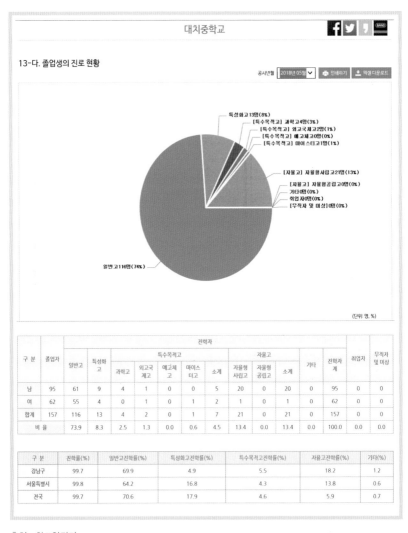

구분	졸업자	진학자												기타	진학자계	취업자	무직자 및 미상
		일반고	특성화고	특수목적고						자율고							
				과학고	외국어고국제고	예고체고	마이스터고	소계		자율형사립고	자율형공립고	소계					
남	95	61	9	4	1	0	0	5		20	0	20	0	95	0	0
여	62	55	4	0	1	0	1	2		1	0	1	0	62	0	0
합계	157	116	13	4	2	0	1	7		21	0	21	0	157	0	0
비율		73.9	8.3	2.5	1.3	0.0	0.6	4.5		13.4	0.0	13.4	0.0	100.0	0.0	0.0

구분	진학률(%)	일반고진학률(%)	특성화고진학률(%)	특수목적고진학률(%)	자율고진학률(%)	기타(%)
강남구	99.7	69.9	4.9	5.5	18.2	1.2
서울특별시	99.8	64.2	16.8	4.3	13.8	0.6
전국	99.7	70.6	17.9	4.6	5.9	0.7

출처 : 학교알리미

내 집 마련, 서울 대장 아파트에 답이 있다!

74

다음과 같이 졸업생의 진로 현황을 확인할 수 있습니다.

일반적으로 특목고 진학률의 경우 과학고, 외고·국제고, 자율형 사립고까지를 포함한 숫자로 따지게 됩니다. 하지만 해당 숫자가 절대적인 학군을 반영해주지는 않습니다. 대표적인 예로 대치동의 경우, 일반고의 진학률이 워낙 높아 특목고 신학률로는 설명되지 않는 학군 프리미엄이 있기 때문입니다. 따라서 해당 지표의 경우에는 대략적인 트렌드를 살펴보는 용도와 해당 지역의 상대적인 학군을 평가할 수 있는 지표로 참고할 수 있습니다.

<이웃들의 이야기를 들어보자>
호갱 노노

출처 : 호갱노노

　부동산 관련 툴 중 가장 유명한 것입니다. 실거래가를 기반으로 시세를 직관적으로 보기 쉽다는 장점이 있습니다. 단순히 지도를 기반으로 한 실거래가뿐만 아니라 인구의 이동, 공급, 매매, 전세 비율 등 다양한 부동산 관련 데이터를 확인할 수 있는 잘 만들어진 부동산 툴 중 하나입니다.

　여기서 주로 사용하고자 하는 기능은 바로 입주민들의 의견을 살펴볼 수 있는 공간입니다.

　해당 공간의 경우 실거주자들이 살았던 경험을 생생하게 남겨 놓는 경우가 많습니다. 서울 주요 지역 아파트의 경우 상당한 데이터베이스가 축적되었으며, 꼼꼼히 읽어 보면 손품으로는 절대 알 수 없는 정보, 심지어 임장을 가더라도 직접 살아보지 않고서는 알 수 없는 정보들을 쏠쏠하게 얻을 수 있습니다.

　　　　　　　　　　　2장. 누구나 쉽게 따라 할 수 있는 입지 분석법

'래미안 대치팰리스'를 통해 살펴보도록 하겠습니다.

출처 : 호갱노노

댓글을 통해 '래미안 대치팰리스'의 장단점에 대해서 살펴볼 수 있습니다. 특히 해당 의견은 거주민들의 의견이 반영되는 경우가 많아 손품과 발품으로 자칫 놓칠 수 있는 측면을 잡아낼 수 있다는 장점이 있습니다.

이외에도 거주민들의 의견을 들을 수 있는 사이트는 직방, 부동산 스터디(네이버 카페), 아름다운 내 집(네이버 카페) 등이 있습니다.

지금까지 한 입지 분석을 글로 남겨 보는 것 역시 좋은 방법입니다. 놓치고 있었던 부분을 잡아주기도 하고, 다양한 사람들의 시각을 살펴볼 방법이기도 합니다. 반드시 피드백을 받을 것을 추천해드립니다. 공부한 것을 글로 남기고 피드백을 받아 보는 것과 받아 보지 않는 것은 천지 차이입니다. 직접 현장 방문을 하러 가게 될 때도 시야가 달라집니다.

<언제나 정답은 현장에 있다>
발품 팔기

이 모든 것의 마지막은 발품 팔기입니다.

앞서 손품을 아무리 열심히 팔았다고 하더라도 현장에 직접 다녀오지 않는다면 이는 반쪽짜리 공부에 지나지 않습니다. 반드시 현장을 다녀오시고 앞서 열심히 공부했던 것을 직접 두 눈으로 보는 과정을 거치기를 바랍니다.

다음과 같은 방식으로 발품 팔기를 권장합니다.

Step 1. 부동산 중개업소 방문하기
① 미리 해당 아파트 및 지역에 대해서 설명을 잘해줄 수 있는

부동산 중개업소와 약속을 하세요.

② 부동산 중개업소를 통해 아파트 및 지역에 대한 설명을 듣습니다. 미리 입지 분석을 해두었던 것을 기억하며 놓치고 있는 것은 무엇인지, 다소 과장되게 설명하는 것은 무엇인지 잘 생각해보시기 바랍니다. 단순히 정보를 듣는 데 그치지 않고 선별적으로 정보를 받아들일 수 있어야 합니다.

③ 학군에 대한 선호도와 학교는 어디로 배정되는지 확인이 필요합니다.

④ 아파트 내부를 보여줄 수 있는 중개업소를 찾아가는 것이 좋습니다. 최근 아파트는 커뮤니티 시설이 중요한 만큼 내부를 보지 않고서는 아파트를 반쪽만 본 것이나 마찬가지입니다.

Step 2. 직접 걸어 보기

가장 중점을 두어야 할 것은 역시 주요 입지 요소와의 거리입니다.

① 직접 해당 지역에 거주하는 사람이라고 생각하고, 1㎞ 내외의 입지 요소는 직접 시간을 확인해서 걸어 보시길 권장합니다.

② 해당 지역을 바라볼 때는 가급적 30~40대의 눈으로 바라보려고 하는 것이 중요합니다. 맞벌이 부부라면 출퇴근 시간이 중요할 것이며, 어린아이가 있는 경우 국공립 어린이집과 유치원이 어디에 있는지, 그리고 초·중·고등학교 자녀가 있는 학부모의 입장에서 학교, 그리고 학원가는 어디에 있는지를 확인해볼 필요가 있습니다.

③ 역세권을 확인하는 방법은 가까운 동을 기준으로, 그리고 가

장 먼 동을 기준으로 역까지 시간이 얼마나 소요되는지 확인해보시기 바랍니다. 특히 대단지의 경우 동마다 소요되는 시간의 차이가 크다는 것을 고려해야 합니다.

④ 학교까지의 거리 역시 중요한 확인 포인트입니다. 특히 초등학교의 경우 길을 얼마나 건너게 되는지, 가는 길은 험하지 않은지를 점검하는 것이 중요합니다. 학부모가 아니더라도 학부모의 관점에서 선호하는 아파트를 사야 실패하지 않습니다. 그런 의미에서 부모에게는 무엇보다도 중요한 아이의 안전을 현장에서 확인하시는 것이 좋습니다.

Step 3. 기록하기

① 쉴 새 없이 사진을 찍고 생각나는 것들, 얻게 된 정보들을 기록하시기를 권장합니다. 경우에 따라서는 사진을 찍기만 해도 괜찮습니다. 물론 동일한 지역을 수차례 낮과 밤, 다양한 시간에 방문하는 것이 가장 좋지만, 시간을 아끼고 최대한 효율적으로 현장 방문을 하기 위해서는 나중에도 기억할 수 있도록 기록하는 것이 좋습니다.

② 현장을 방문한 당일에 현장 방문 보고서도 함께 쓰실 것을 추천합니다. 꼭 남에게 보여주지 않더라도 현장감을 남길 수 있도록 당일에 작성하실 것을 권합니다. 많은 사람이 부동산은 타이밍이라고 이야기합니다. 타이밍을 알기 위해서는 현장감에 익숙해야 하며, 제한된 시간을 가진 사람이라면 한번 경험할 때 제대로 하는 것이

중요합니다. 반드시 당일 기록하세요. 사소한 습관이 분명 중요한 순간에 큰 힘이 될 것을 믿어 의심치 않습니다.

③ 공부한 것을 공유하고 나누세요. 개인 블로그에 글을 작성하거나 유명 카페도 좋고 주변 지인들도 좋습니다. 가족에게 해당 지역을 설명해주는 것도 좋은 방법입니다. 반드시 스스로 공부한 것을 주변에 알리고 나누는 과정을 거치도록 하세요. 정보를 공유하고 나누는 과정 속에서 나도 모르게 얻어지는 깨달음이 있습니다. 우리는 그것을 '인사이트'라고 부르고요. 두려워하지 말고 지금 당장 공유하세요.

이러한 방법을 통해서라면 여러분도 쉽게 입지 분석을 하실 수 있습니다. 어떤 지역부터 시작을 해야 할지 고민이 되신다면 강남은 '아크로리버파크'와 '래미안 대치팰리스', 강북은 '경희궁 자이'와 '마포 래미안푸르지오'로 시작해보실 것을 권장합니다.

이제부터 서울 14개 구의 대장 아파트를 분석해보도록 하겠습니다.

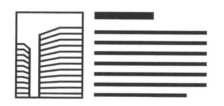

3장.

서울 대장 아파트 이야기

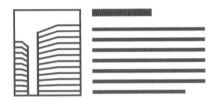

서초구

반포 아크로리버파크
서초를 넘어서
대한민국의 대장 아파트

반포 아크로리버파크

3장. 서울 대장 아파트 이야기

<서초구 이야기>
대한민국에서 가장 비싼 아파트가 있는 부촌의 양대산맥

서초구는 '강남'으로 대표되는 대한민국 부촌의 양대산맥입니다. 현 서울 자치구 중 가장 아파트 가격이 비싼 곳으로, 평당 가격이 가장 비싼 아파트 역시 서초구에 자리 잡고 있습니다. 서울 부동산 가격의 척도로 여겨지는 지표 중 하나이자 대한민국 부동산의 트렌드를 살펴볼 수 있는 주요 아파트들이 밀집된 곳입니다.

서초에서 가장 주목해서 보아야 할 곳은 역시 서초구의 대장 지역이라고 할 수 있는 반포동입니다. 1970년대 후반, 1980년도 초반에 균질하게 지어진 아파트촌이 있던 곳으로, 서울에서도 손꼽히는 균질성을 보유한 아파트촌이었습니다. 특히 반포동의 경우 높은 사업성으로 재건축, 재개발이 활발하게 이루어져 재건축이 다소 지지부진한 대한민국 부촌의 상징, 압구정동을 제치고 현재는 대한민국에서 가장 비싼 아파트를 보유한 명실상부 대한민국 최고의 아파트촌으로 거듭나게 되었습니다.

지금도 반포동은 대한민국 최고의 신도시로 거듭나고 있습니다. 반포 주공 1단지를 비롯해 일대가 전체적으로 재건축이 예정되어 있습니다. 이미 대한민국 최고의 인프라가 모두 갖추어진 상황에서 새 아파트라는 최고의 프리미엄 상품이 더해지는 형국입니다. 지금도 대한민국 최고의 부촌 중 하나인 반포이지만 일대의 재건축이 성공적으로 완료되어 진정한 신도시가 되었을 때 반포의 위상은 상상해 보는 것 자체로 즐거운 일이 아닐까 싶습니다.

재건축 단지명	아파트명	건설사	세대수	현황
반포주공 1단지 (1 ,2, 4주구)	디에이치 클래스트	현대건설	5,388	관리처분인가
반포주공 1단지 (3주구)				조합설립인가
신반포 1차	반포 아크로리버파크	대림산업	1,612	2016년 10월 입주
신반포 15차		대우건설	180	관리처분인가
신반포 3차, 반포 경남	래미안 원베일리	삼성물산	2,433	2019년 12월 분양 예정
신반포 2차			1,572	추진위원회 승인
신반포 6차	신반포 센트럴자이	GS건설	757	2020년 4월 입주 예정
신반포 14차		롯데건설	280	2019년 1월 이주 시작
반포 우성		롯데건설	408	2019년 1월 이주 완료, 철거 시작
신반포 4차				추진위원회 구성
반포 한양	신반포 자이	GS건설	607	2018년 7월 입주
신반포 4지구	신반포 메이플자이	GS건설	3,686	2019년 7월 이주 예정

반포 일대 주요 재건축 현황

그런 의미에서 서초구, 특히 현재 반포동의 대장 아파트를 살펴보는 것은 중요합니다. 반포동의 대장 아파트는 단순히 서초구를 넘어 서울시 전체, 나아가 대한민국 부동산의 트렌드를 살펴볼 수 있는 '대한민국의 대장 아파트'로 볼 수 있기 때문입니다. 지금부터 서초구의 대장 아파트인 '반포 아크로리버파크'에 대해 살펴보도록 하겠습니다.

3장. 서울 대장 아파트 이야기

<숫자로 보는 반포 아크로리버파크>
평당 9,000만 원 아파트 시대의 서막을 연 주인공

세대수	총 1,612세대
건설사	대림산업
준공일	2016년 8월
2018년 실거래 최고가 (전용면적 84㎡ 기준)	31억 원(2018년 9월)
KB시세(하위평균가/일반평균가/상위평균가) (전용면적 84㎡)	25억 5,000만 원/28억 5,000만 원/30억 5,000만 원 (2019년 3월 마지막 주)

2016년 8월에 준공한 총 1,612세대의 대단지 아파트입니다. 대림산업에서 e편한세상 대신 '아크로'라는 프리미엄 브랜드를 사용한 재건축 아파트입니다.

최고의 입지에다가 1군 건설사가 프리미엄 브랜드로 완성한 곳이기에 당연히 국가대표 수준의 상품성을 보유하고 있습니다.

대표적인 예는 바로 한강이 보이는 스카이라운지입니다. 향후 대한민국 최상급 프리미엄 아파트의 척도 중 하나는 바로 '한강뷰 스카이라운지'의 유무가 될 가능성이 높습니다. 이처럼 '반포 아크로리버파크'는 향후 몇 년간 프리미엄 아파트의 트렌드를 선도하게 될 것입니다.

2019년 1월 현 시점, 대한민국에서 가장 비싼 아파트인 동시에 2018년도 전용 84㎡ 기준, 최고 실거래가 9,000만 원을 돌파했던 아파트(전용 84.97㎡, 2018년 9월 기준 31억 원)입니다. 향후 몇 년 안에 평당 1억 원을 돌파하는 아파트가 나오게 된다면 단연 1순위 후보는 바로 '반포 아크로리버파크'일 것입니다.

\<입지\>
대한민국 입지의 교과서에 한강을 더하다

입지의 교과서입니다. 교통, 교육, 환경, 인프라 하나하나가 대한민국 최고 수준인 입지에 한강을 더해서 모든 것을 다 갖추었습니다. 반경 1㎞ 내외에 대한민국 최고의 입지 요인들이 모두 몰려 있습니다. 대략적인 입지 요소를 살펴보겠습니다.

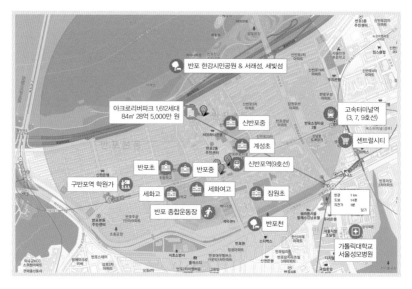

한눈에 보는 아크로리버파크(1km)　　　　　출처 : 다음지도(이하 모든 지도의 출처는 다음지도)

교통 : 신반포역(9호선), 고속터미널역(3, 7, 9호선)

교육 : 강남 8학군(반포초, 계성초, 잠원초, 반포중, 신반포중, 세화여고, 세화고), 반포 학원가

환경 : 반포 한강시민공원, 서래섬, 세빛섬, 반포천

인프라 : 뉴코아백화점, 센트럴시티(신세계백화점), 반포 종합운동장

일단 최고의 지하철 노선 중 하나인 9호선 초역세권입니다. 고급 주택지일수록 중요성이 더해지는 학군 역시 '강남 8학군'입니다. 산책할 수 있는 곳으로 한강공원 및 서래섬과 같은 인프라가 도보 5분 거리입니다. 더불어 한강 조망권까지 갖췄으니 '이보다 더 좋을 수는

없다'라는 말이 절로 나옵니다.

4㎞로 넓혀 보았을 때도 주옥같은 입지 요소들이 차고 넘칩니다.

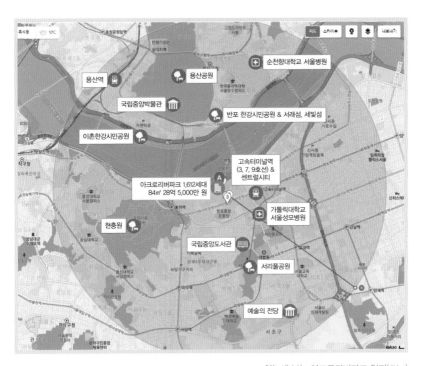

한눈에 보는 아크로리버파크 입지(4Km)

교통 : 고속터미널역(3, 7, 9호선), 용산역

환경 : 현충원, 용산공원, 이촌 한강시민공원, 서리풀공원

인프라 : 가톨릭대학교 서울성모병원, 국립중앙도서관, 예술의
　　　　전당, 국립중앙박물관, 순천향대학교 서울병원

신반포역에서 한 정거장만 가면 강남의 주요 거점을 한번에 갈 수 있는 지하철 3, 7, 9호선이 있는 고속터미널역에 도착합니다.

이미 한강 및 한강공원으로 충분한 환경도 북쪽에는 용산공원, 서쪽에는 현충원, 남쪽에는 서리풀 공원이 있으며, 성모병원과 같은 대형 병원도 있습니다. 게다가 도서관과 박물관 역시 국가대표 도서관과 박물관인 국립중앙도서관과 국립중앙박물관이 있습니다.

모든 입지 요소들이 어벤져스급으로 대한민국 부동산 입지의 교과서라고 할 수 있습니다. 따라서 부동산에 대한 공부를 이제 막 시작하셨거나 강남 또는 신도시의 입지를 공부하고 싶으시다면 '반포 아크로리버파크'로 시작하셔도 좋습니다.

입지의 경우 덧셈이 아닌 곱셈의 방식으로 가치가 더해집니다. 1+1=2의 방식으로 가치가 더해지는 것이 아닌, 각각의 입지가 시너지를 내며 곱절의 효과를 내는 것이죠. '반포 아크로리버파크'는 최고 수준의 입지의 요소가 곱해지며 엄청난 시너지 효과를 내는 곳의 정석이라고 할 수 있습니다.

<교통 및 직주근접>
최고의 직주근접! 3대 직장지까지 최소 10분! 최대 30분!

9호선 신반포역 초역세권(도보 3분거리)입니다. 동시에 3, 7, 9호선 환승역인 고속터미널 역시 지하철로 한 정거장 직선거리로 대략 1㎞ 거리에 있습니다.

주요 직장과의 접근성은 다음과 같습니다(출발 : 신반포역).

지역	지하철역	소요시간 (분)	환승 횟수	최단 경로
강남 · 서초	❷강남역	12	2	❾신반포역 → ❸고속터미널역 → ❷교대역 → ❷강남역
	❾봉은사역	14	0	❾신반포역 → ❾봉은사역
	❸양재역	12	1	❾신반포역 → ❸고속터미널역 → ❸양재역
종로 · 중구	❺광화문역	32	1	❾신반포역 → ❺여의도역 → ❺광화문역
	❸종로3가역	24	1	❾신반포역 → ❸고속터미널역 → ❸종로3가역
	❶종각역	30	1	❾신반포역 → ❶노량진역 → ❶종각역
	❷을지로입구역	27	2	❾신반포역 → ❸고속터미널역 → ❷을지로3가역 → ❷을지로입구역
	❶시청역	27	1	❾신반포역 → ❶노량진역 →❶시청역
여의도	❾여의도역	17	0	❾신반포역 → ❾여의도역

강남, 여의도 접근성은 의심할 여지가 없는 최고 수준의 직주근접입니다.

기본적인 강남 접근성의 경우 15분 이내이며, 9호선으로 여의도 접근성도 잡았습니다(17분). 상대적으로 가장 먼 종로 일대 역시 최대 30분 이내로 접근할 수 있습니다. 3대 직장지 모두를 최소 15분에서 최대 30분 이내에 도착할 수 있는 백 점 만점의 직주근접입니다.

<교육>
부연 설명이 필요 없는 '강남 8학군'

짧은 문장으로 요약할 수 있습니다. 강남 8학군에 초·중품아입니다. 맹모들이 꿈꾸는 아파트 요소를 모조리 갖추었습니다. 계성초등학교와 신반포중학교를 끼고 있으며, 서울반포초등학교와 반포중학교 역시 가깝습니다.

반포 지역의 경우 학교 배정이 여러 가지 요인으로 인해 유동적이지만, 가장 가깝게 있는 반포중, 신반포중의 3년간 특목고 진학 추이를 통해 대략적인 진학률을 살펴보겠습니다.

반포중

년도	졸업자수	과학고	외고·국제고	자율형사립고	특목고 진학명수
2016	304	3	4	74	81
2017	283	3	5	83	91
2018	300	3	3	118	124

신반포중

년도	졸업자수	과학고	외고·국제고	자율형사립고	특목고 진학명수
2016	358	7	4	92	103
2017	271	2	2	77	81
2018	263	3	3	92	98

괄목할 만한 숫자입니다. 반포중, 신반포중 졸업생 모두 3년간 평균 졸업자수 3명 중 1명꼴로 특목고에 진학했습니다. 가장 성적이 좋을 때는 각각 124명, 103명으로 세 자릿수 특목고 진학자 수를 보이기도 했습니다.

학원가 역시 부족함이 없습니다. 대치동의 아성을 넘기에는 다소 어려움이 있지만, 역시나 최고 수준의 학원 인프라입니다. 도보권으로 국내 최고 수준의 학원가를 이용할 수 있습니다.

사실상 대치동을 제외하고는 아쉬울 것 없는 학군입니다.

\<환경\>
부르는 게 값이야! '한강 조망권 아파트의 위엄'

최근 가장 큰 환경 트렌드 중 하나이자 부촌의 필수 조건, 부르는 게 값인 '한강 조망권' 아파트입니다. 한강 조망에 한강공원을 도보로 이용 가능한 환경입니다. 이 프리미엄은 대한민국에서도 소수의 선택받은 아파트만 누릴 수 있습니다. 시간이 지나도 의미는 퇴색되지 않을 것입니다.

한강공원의 경우 아파트에서 굴다리를 통해 직접 연결되어 있습니다. 마치 '아크로리버파크'를 위한 것 같습니다.

아크로리버파크와 반포 한강공원을 바로 연결시켜주는 굴다리

　녹지도 풍부합니다. 인근에 있는 한강공원, 현충원, 서리풀공원의 경우 외부에서 시간을 내어 찾아오는 인프라입니다. 해당 환경 요인을 도보권으로 접근할 수 있는 것이 '아크로리버파크'의 또 하나의 큰 장점이라고 할 수 있습니다.

　환경적인 측면에서도 서울을 대표하는 요인들을 도보권으로 확보하고 있는 곳으로 환경에 대한 가치가 높아질수록 '아크로리버파크'의 가치 역시 비례해 상승할 것으로 보입니다.

\<인프라\>
인프라도 국가대표급!
고속터미널 센트럴시티에서 국립중앙도서관까지

가장 큰 생활편의시설은 역시 고속터미널 인근의 인프라입니다. 신세계백화점 강남점, 센텀시티, 킴스클럽 등 생활편시설이 모두 몰려 있습니다.

병원 인프라도 매우 가깝습니다. 가톨릭대학교 서울성모병원이 1㎞ 내외에 있습니다. 손꼽히는 대학병원으로 병원 인프라 역시 최상급입니다.

도서관으로는 국립중앙도서관이 1.5㎞ 내외에 있습니다.

병원, 대형 마트 및 백화점, 도서관과 같은 생활편의시설과 문화시설이 골고루 잘 포진한 인프라입니다. 그 어떤 작은 요소 하나도 놓치지 않은 완벽에 가까운 인프라입니다.

한 줄 평

서초의 최고를 넘어 대한민국 최고의 아파트

래미안 대치팰리스
대한민국 교육의 성지

래미안 대치팰리스

3장. 서울 대장 아파트 이야기

<강남구 이야기>
대한민국 부동산 입지의 정점, 대한민국 부동산 가격의 바로미터

명실상부 대한민국 최고 부촌 강남구입니다. 부동산 입지의 정점에 있는 곳이며, 부동산 가격의 바로미터이기도 합니다. 그리고 강남구를 이야기할 때 빼놓을 수 없는 곳 중 하나가 바로 대치동입니다.

대치동의 가치는 명확합니다. 바로 '교육'입니다. 사교육의 상징이자 모든 맹모의 꿈입니다. 부동산의 가치는 외부에서 시간과 노력을 들여서 기꺼이 오는 빈도수에 정비례하게 됩니다. 그런 의미에서 대치동은 전국의 맹모들이 기꺼이 시간과 노력을 들일 만한 가치를 지닌 곳입니다.

앞으로 대치동의 가치는 더욱 견고해질 것입니다. 교육의 경우 타 입지 요소와는 달리 가치가 누적된다는 특이성이 있습니다. 특히 사교육 인프라의 경우 빅데이터와 같이 시간에 따라 누적되는 정보의 양과 질이 가속화됩니다. 대치동 교육 인프라의 본질은 바로 이 사교육에 있으며, 정부 정책에 따라 변하는 공교육과는 별개로 대치동 사교육의 가치는 더욱더 높아질 것입니다.

그런 의미에서 '래미안 대치팰리스'는 교육이라는 입지적 측면으로 보았을 때 상징성이 있는 곳입니다. 대한민국 최고의 교육 인프라가 새 아파트를 만났을 때 보일 수 있는 대표적인 예이며, 은마 아파트로 대변되는 대치동 일대 재건축 아파트의 파괴력을 상상해볼 수 있는 바로미터입니다. 지금부터 본격적으로 '래미안 대치팰리스'에 대해 살펴보도록 하겠습니다.

<숫자로 보는 래미안 대치팰리스>
현존 유일 대치동 대단지 새 아파트!

세대수	총 1,608세대
건설사	삼성물산
준공일	2015년 9월
2018년 실거래 최고가 (전용면적 84㎡ 기준)	24억 5,000만 원(2018년 8월 거래)
KB시세(하위평균가/일반평균가/상위평균가) (전용면적 84㎡)	25억 원/25억 5,000만 원/26억 원 (2019년도 3월 마지막 주)

'래미안 대치팰리스'는 2015년 9월에 준공한 아파트입니다. 강남구에서 특히나 귀한 대단지 아파트로 1단지 1,278세대, 2단지 330세대로 총 1,608세대입니다. 최고의 교육 입지가 래미안이라는 1군

브랜드를 만난 아파트라고 할 수 있습니다. 시세는 84㎡ 기준, 평당 7,000만 원이 넘어갑니다.

해당 아파트의 핵심 가치는 대치동 일대의 유일한 1,000세대 이상 대단지 새 아파트라는 측면입니다. 상품성에 있어서 일대에 마땅한 경쟁자가 없습니다. 교육 1번지로 모든 맹모들이 일 순위로 거주하고 싶은 곳임에도 불구하고, 일대의 아파트들이 대부분 노후화가 되어 실거주 여건이 좋지 않은 단점이 있습니다. 은마 아파트로 대표되는 대치동 재건축 역시 속도가 나지 않고 있는 상황이고요. 그렇기에 '래미안 대치팰리스'는 한동안 대치동의 대표 아파트 역할을 하게 될 것입니다.

한마디로 대체 불가능한 입지에 새 아파트가 만났기에 부족함이 없는 곳입니다. 모든 면에서 맹모들이 꿈꾸는 아파트임에 틀림없습니다.

<입지>
대체 불가능한 교육 특구,
삼성동을 필두로 하는 대한민국 최고의 미래가치

모든 것을 밸런스 좋게 갖춘, 특히나 교육에 특화된 최고의 입지입니다. 학군에 성지순례가 있다면 단연 필수 코스입니다. 학군의 주요 요소인 중학교 학군, 일반 고등학교 학군, 그리고 학원 인프라까지 모든 것이 한꺼번에 몰려 있습니다. 단연 대치의 대장 아파트이자 학군의 왕이라고 불릴 수 있는 곳입니다.

　도보로 가능한 주요 입지를 살펴보겠습니다.

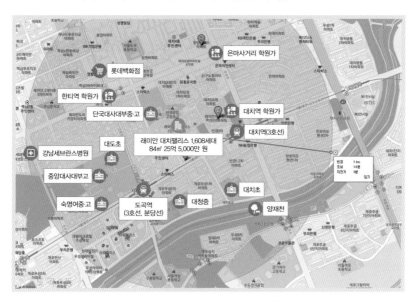

한눈에 보는 래미안 대치팰리스(1km)

　교통 : 대치역(3호선), 도곡역(3호선, 분당선)

　교육 : 대치역, 한티역, 은마사거리 학원가 모두 도보권

　　　　명문 초중고인 대치초, 대도초, 대청중, 단국대사대부중·고, 숙명여중·고, 중앙대사대부고 등 8학군 도보 통학 가능

환경 : 양재천

인프라 : 한티역 롯데백화점, 강남세브란스병원

확연하게 교육 관련 인프라의 장점이 보입니다. 도보권으로 모든 교육 인프라가 접근 가능합니다. 입시가 기본적으로 '시간' 싸움이라는 것을 고려해보았을 때 이미 '시간' 싸움에서 이기고 들어가는 입지입니다. 맹모들에게 있어서 그 어떤 입지보다도 중요한 요소이며, 능력이 허락하는 만큼 1순위로 매입·전세·월세로 들어가 살고 싶은 입지입니다.

교육 입지가 워낙 두드러지지만 역시나 다른 입지 요소 역시 완벽하게 갖춘 곳입니다.

기본적으로 3호선 대치역과 도곡역 분당선의 더블 역세권입니다. 실제로 걸어 보았을 때 래미안 대치팰리스 정문에서 대치역과 도곡역까지 걸리는 시간이 각각 3분 11초, 도곡역까지 4분 34초가 소요되었습니다. 3호선과 분당선이 5분 이내로 접근 가능한 만큼 주요 직장과의 접근성 또한 확보했습니다.

환경적인 요인으로는 서울에서 가장 아름다운 하천 중 하나인 양재천을 끼고 있습니다. 강남에서 가장 완벽한 산책로로 꼽히는 양재천을 누릴 수 있는 환경입니다.

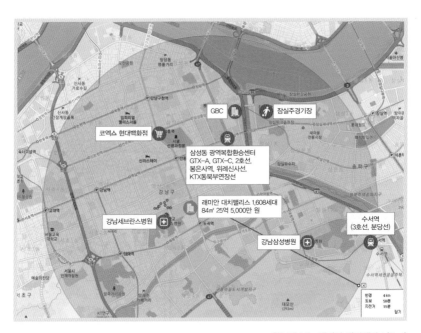

한눈에 보는 래미안 대치팰리스(4km)

4㎞ 내외 입지의 핵심은 역시 삼성동과의 거리입니다. 단군 이래 최대 개발사업이라 불리는 '영동대로 일대 개발사업'으로 삼성동은 명실상부 대한민국 최고 비싼 곳으로 거듭날 것입니다. 새로운 일자리 규모만 122만 개에 달할 것으로 예상되는 현대자동차그룹 글로벌비즈니스센터(GBC) 건립 사업을 필두로, 영동대로에 계획된 광역복합환승센터(GTX-A, GTX-C, 위례신사선, KTX 동북부 연장선)로 대변되는 교통개발사업까지 삼성동은 최고 중 최고로 거듭나고 있습니다. 대한민국 최고의 입지가 될 삼성동과의 접근성이 단 1.5㎞ 내외인 '래미안 대치팰리스'의 미래 가치 역시 대한민국 최고가 될 것입니다.

3장. 서울 대장 아파트 이야기

무역센터에서 바라본 삼성동 GBC 일대 전경

 전체적으로 종합해보았을 때 하나하나 최고의 입지 요소로 이루어져 있습니다. 활용 빈도가 매우 높은 학군, 교통, 환경(양재천 산책)은 도보권으로 해결됩니다. 다소 활용 빈도가 낮고 차량 이용이 가능한 병원, 대형 마트 인프라 등은 차량으로 10분 거리에 대부분 있습니다. 한마디로 뭐 하나 부족할 것 없는 최고의 입지라고 보아도 무방합니다.

\<교통 및 직주근접\>
강남 일대 최고의 직주근접 아파트

3호선 두 개(대치역, 도곡역)와 분당선(도곡역)이 있는 초역세권입니다.
주요 직장지와의 대략적인 소요 시간은 다음과 같습니다.

지역	지하철역	소요시간 (분)	환승 횟수	최단 경로
강남 · 서초	(신분당)강남역	9	1	❸도곡역 → (신분당)양재역 → (신분당)강남역
	❷삼성역	7	1	(분당)도곡역 → ❷선릉역 → ❷삼성역
	❸양재역	4	0	❸도곡역 → ❸양재역
종로 · 중구	❺광화문역	35	1	❸도곡역 → ❺종로3가역 → ❺광화문역
	❸종로3가역	30	0	❸도곡역 → ❸종로3가역
	❶종각역	34	1	❸도곡역 → ❶종로3가역 → ❶종각역
	❷을지로입구역	33	1	❸도곡역 → ❷을지로3가역 → ❷을지로입구역
	❷시청역	29	1	(분당)도곡역 → ❷왕십리역 → ❷시청역
여의도	❾여의도역	34	1	❸도곡역 → ❾고속터미널역 → ❾여의도역

한눈에 볼 수 있는 압도적인 강남 직주근접입니다. 강남 직주근접은 최상위 수준입니다. 소요 시간이 최대 10분이 넘지 않습니다. 사실상 직주일치라고 불러도 무방한 수준입니다. 앞으로 삼성동 일대의 개발과 더불어 직주근접으로써의 가치는 더해질 전망입니다.

종로 일대와 여의도까지의 소요시간 역시 양호한 수준입니다. 대략 30분 정도 소요됩니다.

<교육>
대한민국 학군의 성지, 맹모들의 꿈

'래미안 대치팰리스'의 가치 중 가장 중점을 두어야 하는 부분입니다. 명문 초·중·고의 종합선물세트입니다.
기본적으로 초품아는 아닙니다. 하지만 명성 높은 초·중·고가 도보 10분 이내에 모두 있습니다.

초등학교 : 대도초, 대치초
중학교 : 대청중, 숙명여중, 단국대사대부중
고등학교 : 단국대사대부고, 중앙대사대부고, 숙명여고

2016년부터 2018년도까지의 단국대사대부중, 대청중, 숙명여중의 특목고 성적도 함께 살펴보겠습니다.

단국대사대부중

년도	졸업자수	과학고	외고·국제고	자율형사립고	특목고 진학명수
2016	218	7	1	45	53
2017	192	5	2	54	61
2018	191	3	4	46	53

대청중

년도	졸업자수	과학고	외고·국제고	자율형사립고	특목고 진학명수
2016	384	12	9	61	82
2017	331	8	9	75	92
2018	336	12	10	82	104

숙명여중

년도	졸업자수	과학고	외고·국제고	자율형사립고	특목고 진학명수
2016	323	0	13	5	18
2017	284	2	6	8	16
2018	303	2	11	7	20

특목고 진학성적으로는 대청중, 단국대사대부중, 숙명여중 순위로 좋습니다.

대치동은 단순 특목고 진학 실적으로 학군을 가늠하기 힘든 측면이 있습니다. 전국 최고의 일반 고등학교 학업 성취도를 반드시 고려해야 합니다. 굳이 특목고를 진학하지 않아도 되는 특수성을 내포하고 있습니다.

고등학교 성적은 명성에 걸맞는 성적을 보여주고 있습니다. 2019년도 전국 일반 고등학교 서울대 진학 순위를 살펴보겠습니다.

순위	고교명	서울대 합격자수 (정시·수시 포함)	소재
1	단국대 사대부고	28	강남구
2	상문고	18	서초구
3(공동)	진선여고	17	강남구
	서울고	17	서초구
5(공동)	숙명여고	16	강남구
	강서고	16	양천구
7	한영고	14	강동구
8	낙생고	13	성남시
9(공동)	중산고	12	강남구
	세광고	12	청주시

일반 평준 고등학교만을 대상으로 본 2019년 전국 Top 10의 서울대 합격자수 현황입니다. '래미안 대치팰리스'에서 진학할 수 있는 고등학교인 단국대사대부고와 숙명여고가 모두 포함되어 있습니다. 특히 단국대사대부고의 경우 28명으로 일반 고등학교에서 압도적인 1위이며, 특목고를 포함해서도 전체 11위인 독보적인 명문 고등학교입니다. 여기에서 '래미안 대치팰리스' 학군의 힘을 살펴볼 수 있습니다.

'래미안 대치팰리스'의 가치는 '사교육' 시장의 접근성에서 더욱 두드러집니다. 주요 대치동 학원가의 접근성이 도보 10분 거리입니다. 대치동 학원가는 대한민국의 모든 고급 학교 정보가 몰리는 곳입니다. 그리고 일종의 클러스터 효과로 그 현상은 시간이 지나면서 더욱더 집적화될 것입니다. 앞으로 몇십 년이 지나더라도 서열 위주의 대학정책이 변하지 않는 한 대치동의 위상은 변하지 않을 것을 의미합니다. 그 인프라가 도보 10분에 접근이 가능한 것, 대치동의 진정한 힘은 바로 이곳에서 비롯됩니다.

<환경>
양재천과 대모산으로 완성된 배산임수!

　환경 또한 놓치지 않았습니다. 기본적으로 도보 10분 거리에 양재천이 있습니다. 강남구 최고의 환경 요소 중 하나이자 최고의 산책로 중 하나입니다. 또한 300m 내외의 거리에 대모산이 있습니다. 인근에 하천과 산이 있는 배산임수의 지형으로 훌륭한 환경입니다.

강남구 주민의 최고의 산책로 중 하나인 양재천

<인프라>

삼성동 일대 상권, 수서역의 교통, 삼성서울병원까지 최고의 인프라 종합선물세트

삼성동에 있는 코엑스 스타필드, 삼성동 현대백화점 등 최고의 상권 인프라를 누릴 수 있는 환경입니다. 직선거리 1.5㎞ 내외에 있어 차량 기준 10분 내로 이용할 수 있는 접근성을 가지고 있습니다.

동북쪽 잠실 일대에 있는 인프라와의 거리도 멀지 않습니다. 4㎞ 안팎으로 잠실 종합운동장과 같은 시설들이 있습니다.

남동쪽을 보면 현재 SRT로 대변되는 강남 철도 교통의 요충지 역할을 하는 수서역이 4㎞ 내외의 거리에 있습니다. 그리고 그 건너 편에는 가락 농수산물 종합도매시장도 있습니다. 2.5㎞ 내외에 삼성서울병원도 보입니다. 상권, 시장, 교통에 관련된 인프라, 그리고 병원까지 뭐 하나 빠지는 것이 없는 곳입니다.

삼성동 스타필드 별마당 도서관

한 줄 평

모든 맹모의 꿈. 교육에 있어서만큼은 이견의 여지가 없는 대한 민국 최고의 아파트

헬리오시티
송파구 왕좌의 자리를 넘보다

헬리오시티

<송파구 이야기>
새로운 왕좌의 게임이 벌어지고 있는 곳

송파구는 강남과 서초에 이은 강남 3구 중 하나입니다.

송파구 이야기를 할 때 빼놓을 수 없는 곳은 바로 송파의 왕, 잠실입니다. 송파구에서 유일하게 한강 프리미엄을 누리고 있으며 교통, 상권, 교육, 환경까지 뭐 하나 빠지는 것이 없는 곳입니다.

특히 엘리트(엘스, 리센츠, 트리지움)라는 별칭을 사용하고 있는 잠실의 대장 아파트들은 송파를 넘어 강남, 서초의 아파트까지 위협하고 있습니다. 가장 큰 특징은 서울 전체를 통틀어도 보기 힘든 매머드급 규모(총 2만 4,500세대 수준)의 10년 내외 신축 아파트가 연계성을 가지고, 균질성 높은 마을을 이루고 있다는 측면입니다.

아파트명	세대수	준공일
잠실 엘스	5,678	2008년 9월
리센츠	5,563	2008년 7월
트리지움	3,696	2007년 8월
레이크펠리스	2,678	2006년 12월
파크리오	6,864	2008년 8월
총 세대수	24,479	

송파구 주요 단지 현황

3장. 서울 대장 아파트 이야기

하지만 최근 감히 왕의 자리에 도전장을 내미는 아파트가 있으니 바로 가락동 시영 아파트를 재건축한 '헬리오시티'입니다.

최근 부동산 시장의 가장 큰 트렌드 중 하나는 바로 '새 아파트'입니다. 특히 규모가 갖추어진 새 아파트의 경우 단지 자체에 교육, 상권, 환경을 포함한 모든 인프라를 규모의 경제로 구축할 수 있다는 장점이 있습니다. 특히 유사 이래 최대 규모의 아파트 단지(9,510세대)인 송파 '헬리오시티'는 그러한 변화에 방점을 찍는 아파트로써 감히 잠실의 위상을 넘보고 있습니다.

지금부터 이제껏 없었던 교육, 상권, 환경을 포함한 모든 인프라를 규모의 경제로 구축할 수 있는 새로운 아파트에 대한 상상력을 발휘해보도록 하겠습니다.

\<숫자로 보는 헬리오시티\>
지금까지 이런 규모는 없었다. 아파트 단지인가, 뉴타운인가

세대수	총 9,510세대
건설사	현대산업개발, 현대건설, 삼성물산
준공일	2018년 12월
2018년 실거래 최고가 (전용면적 84㎡ 기준)	등재 내역 없음
KB시세(하위평균가/일반평균가/상위평균가) (전용면적 84㎡)	14억 3,000만 원/14억 9,300만 원/15억 5,000만 원 (2019년 3월 마지막 주)

'헬리오시티'는 가락동 시영 아파트를 재건축한 아파트입니다. 총 세대수 9,510세대에 84개 동, 최고층 35층의 매머드급 단지로 2019년 아파트 중 최고의 슈퍼스타입니다.

'헬리오시티'는 규모에 집중해야 하는 아파트입니다. 아파트 역사 이래 최대 규모의 단일 단지 아파트이기 때문입니다. 무려 9,510세대로 사실상 1만 세대에 육박하는 미니 신도시라고 보아도 무방합니다.

마곡지구가 1만 2,000세대, 흑석 뉴타운이 1만 1,000세대, 북아현 뉴타운이 1만 2,000세대임을 고려하면 단일 아파트 단지인 '헬리오시티'가 얼마나 거대한 것인지를 알 수 있습니다. 사실상 서울 내

대부분 뉴타운의 규모와 대동소이하다는 측면에서 헬리오시티는 단일 아파트 단지가 아닌, 송파구의 뉴타운이라고 보는 것이 본질을 이해하는 데 더 가깝다고 볼 수 있습니다.

여기서 분양가 이야기를 하지 않을 수 없습니다. 당시 2,600만 원대 분양가로 분양하며 과연 1만 세대에 가까운 물량을 소화할 수 있을지 여부에 대한 갑론을박이 있었던 아파트입니다. 그리고 2019년 현재 '헬리오시티'의 평균 가격은 분양가의 거의 두 배에 육박합니다.

강남권 일대가 얼마나 '새 아파트'를 원하고 있는지를 여실히 보여주는 사례입니다. 웬만한 공원급의 조경과 각종 문화시설 및 운동 인프라, 카페 등 화려한 커뮤니티를 보유한 대단지 새 아파트가 '입지'를 넘어서는 모습을 보여주는 대표적인 예가 될 것입니다.

초대형 매머드급 단지인 만큼 '헬리오시티'는 규모로 접근해볼 필요성이 있습니다.

송파 '헬리오시티' : 40.6만㎡
잠실 종합운동장 일대 : 46만㎡
여의도공원 : 22.9만㎡

놀라운 규모입니다. 여의도 공원의 1.8배 정도의 크기에 잠실 종합운동장보다는 조금 작은 수준입니다. 규모 면에서 지금까지는 없었던 아파트이기에 입주가 마무리될 시에 파급력을 가늠하기가 쉽지 않은 곳이기도 합니다.

강남권 입지에 규모와 새 아파트가 만나면 그 파괴력은 어느 정도일까요? 지금부터 함께 그 상상력을 키워 나가도록 하겠습니다.

<입지>
송파 내 2인자의 입지. 그러나 부족한 입지는 스스로 극복한다!

입지 자체로만 놓고 보면 잠실은 모차르트(Mozart), 그리고 '헬리오시티'는 살리에리(Salieri)에 가깝습니다. 타고난 입지 요소에 있어서 '헬리오시티'는 절대 타고난 입지를 갖춘 잠실을 넘을 수 없기 때문입니다. 2호선, 9호선을 기반으로 한 교통, 송파 유일의 한강 프리미엄, 그리고 강남 못지않은 학군과 롯데타워로 대변되는 최고 수준의 상권 등 하나하나가 대한민국에서도 손꼽히는 입지를 보유하고 있는 잠실은 가히 '입지 천재'라고 불러도 손색이 없습니다.

'헬리오시티'의 입지 역시 송파구 내에서는 명실상부 넘버 2입니다. 단지 건너편으로는 현대화가 예정된 가락시장과 남쪽으로는 법조타운이 형성되는 문정동 개발, 북쪽으로는 잠실, 서쪽에는 삼성동과 수서동 일대의 대형 개발 등 입지상 호재가 동서남북으로 넘쳐납니다.

이웃들의 개발과 함께 좋은 시너지를 주고받을 수 있는 입지로써 '오늘보다 나은 내일, 내일보다 나은 미래'라는 말로 송파 '헬리오시티'를 표현할 수 있습니다. 다만 입지에 있어서 넘을 수 없는 벽인 잠실이 있기에 언제나 2인자를 벗어날 수 없는 것이고요.

　하지만 '헬리오시티'는 이러한 태생적인 한계를 스스로 극복하려고 하는 것에서 차별성이 있습니다. '헬리오시티'만 가능한 전대미문의 규모의 경제로 스스로 입지를 만들어낸 것입니다. 기존의 새 아파트들이 타고난 입지 요소에 영향을 받는 것과는 달리 '헬리오시티'는 교통을 제외한 교육, 환경, 인프라와 같은 입지 요소를 스스로 품고 태어남으로써 '헬리오시티' 자체가 해당 지역의 입지 요소가 되었습니다. 따라서 기존의 아파트와는 철저하게 다른 시각으로 바라보아야 할 필요성이 있습니다.

1km 내외의 입지를 대략적으로 살펴보도록 하겠습니다.

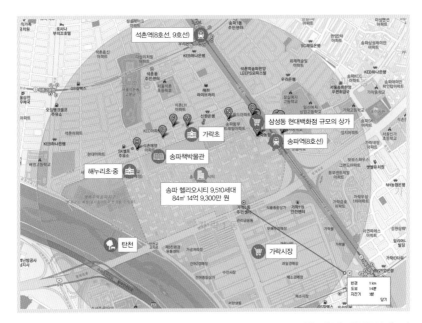

한눈에 보는 헬리오시티(1km)

교통 : 송파역(8호선)

환경 : 탄천, 헬리오시티 단지 조경

인프라 : 가락시장, 헬리오시티 단지 내 상가, 송파책박물관

다른 아파트와는 확연하게 다른 모습을 보여줍니다. 주요 입지 요인으로 8호선 송파역, 탄천, 가락시장이 있지만 '헬리오시티'와 가락시장이 1km 반경 전체 면적의 절반 이상을 차지하고 있으며, 상권과 단지 내 커뮤니티등 '헬리오시티' 자체가 가지고 있는 요인이 입

지 요인을 대체하고 있습니다. 한마디로 '헬리오시티' 그 자체가 입지라고 보아도 무방합니다.

지도를 조금 더 넓게 보아 4km 내외의 입지를 살펴보겠습니다.

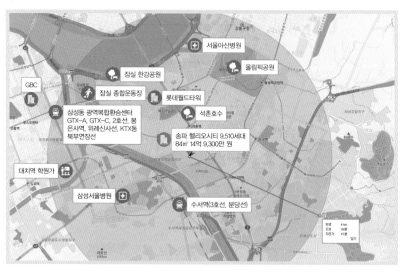

한눈에 보는 헬리오시티(4km)

교통 : 수서역(3호선, 분당선)

교육 : 대치역 학원가

인프라 : 롯데월드타워, 석촌호수 일대, 잠실 한강공원, 올림픽
공원, 잠실 종합운동장, 삼성서울병원, 서울아산병원

서울을 대표하는 대한민국 최상급의 인프라가 4km 내외로 있습

니다. 상권, 교통, 교육, 병원 하나하나 올스타급입니다.

역시나 관건은 '헬리오시티'가 가진 단일 최대 규모의 대단지 새 아파트 프리미엄이 과연 어느 정도까지 입지의 차이를 극복할 수 있을지 여부입니다. 지금까지 없었던 규모이며, 과거와는 달리 입지의 개념(환경, 인프라)을 일부분 포함하고 있기에 그렇습니다. 결국 '헬리오시티'가 잠실의 엘리트(엘스, 리센츠, 트리지움)의 시세를 넘는지 여부가 향후 관전 포인트입니다.

비록 살리에리는 타고난 천재인 모차르트를 넘지 못했지만 스스로 입지를 만들어낸 헬리오시티가 타고난 입지 천재인 잠실을 넘어서는 모습을 볼 수 있을까요? 헬리오시티의 추이는 향후 대규모 신축, 특히나 입지 요소를 품은 매머드급 단지가 입지를 뛰어넘어설 수 있을지에 대한 것을 살펴볼 수 있는 좋은 예가 될 것입니다. 여러모로 흥미진진한 헬리오시티의 향후 행보입니다.

<교통 및 직주근접>
강남 직주근접은 최고! 종로, 여의도는 다소 의문부호?

워낙 단지가 커서 단지별로 역세권과 비역세권의 차이가 심한 편입니다. 기본적으로 대부분의 단지에서 도보권으로 접근이 가능한 역은 8호선 송파역 정도입니다.

특히 탄천 쪽 방향에서 송파역은 거리가 상당히 있습니다. 가장 가까운 단지에서 송파역은 초역세권이어서 도보 3분 이내로 역에 도착할 수 있지만, 단지 내를 가로질러 가는 거리만 1㎞여서 도보로 10~15분 소요되는 거리입니다.

단지에서 가장 접근성이 좋은 송파역을 기반으로 한 주요 직장지와의 거리를 살펴보도록 하겠습니다.

가장 가까운 동과 먼 동의 편차가 크다. 가장 가까운 역은 초역세권이지만, 가장 먼 동은 역까지 10분이 넘게 걸린다.

서울에서 최대 양질의 일자리를 보유하고 있는 강남권의 직주근접에 있어서는 최상급 수준입니다. 특히 절대적인 거리 자체가 5㎞ 내외에 있기에 접근성이 매우 좋습니다.

지역	지하철역	소요시간 (분)	환승 횟수	최단 경로
강남 · 서초	❷강남역	19	1	❽송파역 → ❷잠실역 → ❷강남역
	❷삼성역	14	1	❽송파역 → ❷잠실역 → ❷삼성역
	❸양재역	20	1	❽송파역 → ❸가락시장역 → ❸양재역
종로 · 중구	❺광화문역	39	1	❽송파역 → ❺천호역 → ❺광화문역
	❸종로3가역	36	2	❽송파역 → ❷잠실역 → ❸을지로3가역 → ❸종로3가
	❶종각역	41	2	❽송파역 → ❷잠실역 → ❶시청역 → ❶종각역
	❷을지로입구역	34	1	❽송파역 → ❷잠실역 → ❷을지로입구역
	❷시청역	36	1	❽송파역 → ❷잠실역 → ❷시청역
여의도	❾여의도역	44	1	❽송파역 → ❾석촌역 → ❾여의도역

반면 종로와 여의도의 경우 의문부호가 붙습니다. 평균 40~50분 정도의 시간이 소요되는 종로, 여의도 기반의 직장인들에게 장점이 있는 직주근접 아파트는 아닙니다.

<교육>
그간 존재하지 않았던 학군 프리미엄(해누리 초·중 통합학교)

과거 '헬리오시티'의 전신은 가락동 시영아파트로, 학군이 좋은 곳으로 평가받는 곳은 아니었습니다. 하지만 학군이 인근 입주민의 균질성과 소득수준에 비례하는 경향을 보인다는 것을 고려하면, '헬리오시티'의 1만 세대에 육박하는 입주민들이 정착 시 학군은 빠르게 좋아질 것으로 기대됩니다.

매머드급 대단지인 만큼 초등학교와 중학교를 단지 내에 품고 있습니다. 초등학교의 경우 가락초, 해누리 초·중고가 있습니다.

개교를 앞둔 해누리 초·중 통합학교

이 지역은 학군에 있어서 굉장히 재미있는 측면이 있습니다. 서울 첫 통합운영학교인 해누리 초·중 이음학교의 설립입니다. 초·중 교육과정을 한 학교에서 체계적으로 연계하는 형태의 학교로 교육과정의 연계성에 있어서 커다란 메리트가 있을 것으로 판단됩니다. 그간 존재하지 않았던 형태의 학군 프리미엄이 예상됩니다.

학원가는 대치동 라이딩이 어렵지 않은 수준입니다. 대치동 학원가까지의 거리가 4~5㎞ 내외로 차량을 이용하면 5분~10분 거리입니다. 대치동 학원가의 인프라를 누릴 수 있는 사정권이라고 보시면 좋습니다.

학군은 그간 신도시보다 훨씬 빠르게 자리 잡을 가능성이 높습니다. 학군 형성에 필수적인 주민 균질성에 있어서 기존에 없는 압도적인 모습을 보이기 때문입니다. 일대는 벌써부터 학원가가 형성되고 있는 모습입니다. 과연 몇 년 뒤 헬리오시티가 명문 학군으로 분류될 수 있을지 지켜보는 것이 또 하나의 즐거움이 아닐까 싶습니다.

3장. 서울 대장 아파트 이야기

\<환경\>
아파트 단지에서 누리는 공원!

인근에 탄천과 석촌 호수, 그리고 올림픽공원 및 한강공원이 4㎞ 내외에 존재합니다. 하지만 가장 주목해야 할 측면은 바로 여의도공원의 절반이 훌쩍 넘어가는 어마어마한 규모의 단지 조경입니다.

'헬리오시티'의 규모는 40.5만㎡로 그중 37.67%는 녹지로 구성되어 있습니다. 대략 15.3만㎡ 수준의 녹지가 구성된 것으로 이는

아파트 단지 조경이라기보다 거대 공원에 가까운 헬리오시티 단지 내 조경

여의도공원(22.9만㎡)의 66%에 해당하는 규모입니다. 한마디로 여의도 공원의 절반 규모의 녹지가 단지 내에 형성되어 있음을 의미합니다.

기존의 아파트와는 달리 아파트 단지 내에서 공원 인프라를 자체적으로 해결해버리는 것입니다. 지금까지 경험해보지 않은 규모의 아파트 조경으로 '헬리오시티' 자

체가 입주민을 위한 전용(Private) 공원이라고 보아도 무방합니다.

이것이 '헬리오시티'가 가진 핵심 상품 가치입니다. 역대 최고의 규모로 그간 아파트에서 볼 수 없었던 입지 요소를 직접 창출해내며 거기에 입주민들만을 위한 전용 공간이라는 개념을 함께 제공합니다. 어쩌면 진정한 의미의 대단지 아파트의 개념은 '헬리오시티'의 전후로 바뀌게 되지 않을까 예측해봅니다.

\<인프라\>

가락시장, 롯데타워, 삼성동 코엑스! 차고 넘치는 국가 대표급 인프라

단지 앞 도보권에 가락시장이 있습니다. 가락시장의 경우 현재 현대화 계획이 있어서 이 일대의 최대 상권으로써 잠재력을 지닌 곳입니다. 그리고 가락시장 변신의 가장 큰 수혜를 보는 곳은 바로 '헬리오시티'가 될 예정입니다.

또한 4km 내외의 거리에 북쪽으로는 제2 롯데월드타워, 남쪽으로는 문정동 일대 가든파이브, 7km 내외에 삼성동 코엑스 등 대한민국을 상징하는 인프라들이 많이 있습니다. 4km 근방에 있는 병원 인프라 역시 완벽합니다. 삼성서울병원과 서울아산병원 역시 근접해 있습니다.

'헬리오시티'는 단지 내에 들어오는 생활편의시설에 주목해야 합니다. 단지 내에 지하 3층에서 지상 5층 규모의 상가가 들어설 예정입니다. 규모로 따졌을 때 삼성동 현대백화점과 거의 비슷한 규모이며, 단지 내에서 모든 생활이 가능한 환경이 조성되는 것으로 굳이 외부에 나가지 않더라도 단지 내에서 모든 것이 해결 가능한 수준으로 인프라가 구축될 것으로 보입니다. 한마디로 상권이라는 입지를 단지가 포함하고 있는 것입니다.

또한 기부채납한 송파 책박물관을 단지 내에 품고 있습니다. 규모에 있어서 웬만한 구립도서관보다 훨씬 큰 규모로 운영될 예정입니다.

헬리오시티에서 기부채납한 송파 책박물관

커뮤니티 시설 역시 기존과는 궤를 달리합니다. 규모의 경제가 가져다줄 수 있는 최대치입니다. 사실상 상상하는 거의 모든 시설이 포함되어 있다고 보아도 무방할 수준입니다.

대략적인 시설은 다음과 같습니다.

1. 체육 관련 시설 : 다목적 체육관, 수영장(6레인, 어린이 수영장 별도), 헬스장, 탁구장, 테니스장, 골프연습장, 사우나(남자 2, 여자 2, 총 4군데)
2. 육아 관련 시설 : 7개의 국공립어린이집, 놀이방, 보육시설, 돌봄시설
3. 교육 관련 시설 : 중앙도서관, 그룹스터디룸, 동호회실, 생태학습장, 독서실, 생태학습실

사실상 하나의 마을에 가깝습니다. 규모의 경제로 실현할 수 있는 커뮤니티이며, 이 모든 시설을 '우리끼리' 그리고 합리적인 가격에 이용이 가능합니다. 최근 주거 환경에 있어서 가장 중요한 요소로 급부상하고 있는 전용 공간이라는 측면을 완벽하게 구현할 수 있게 되는 것입니다.

한 줄 평

입지 요소를 품고 태어나는 새로운 형태의 아파트!
이건 아파트 단지가 아니라 미니 신도시다!

고덕 래미안힐스테이트
환경과 교육의 절묘한 조화

고덕 래미안힐스테이트

<강동구 이야기>
서울 동쪽 끝에서 동쪽의 중심으로!

강남 4구로 불리는 강동구입니다. 서울시에서도 가장 동쪽에 치우친 위치로 많은 이들에게 서울의 외곽으로 치부되었던 지역입니다. 하지만 강남의 범주가 송파를 거쳐 강동구로 점차 확장되는 현상을 보여주는 가운데, 서울시가 발표한 2030 서울시 생활권 계획에서는 마침내 서초, 강남, 송파, 강동을 같은 생활권인 동남권으로 묶어서 정의했습니다. 사실상 정부를 통해 강동구가 강남 4구로써 위상을 드높이게 되었습니다.

강동구의 경우 많은 잠재력을 가지고 있는 곳입니다. 특히 서울시에서도 매우 빠른 속도로 재건축이 진행되고 있는 고덕동의 경우, 앞으로 강동구의 미래를 살펴볼 수 있는 대표적인 곳이라고 할 수 있습니다. 고덕동이 자랑하는 환경과 교육의 인프라를 고스란히 품은 채 신도시로 거듭나고 있기에 완성되었을 때 고덕의 브랜드 가치는 기존보다 크게 상승할 것으로 보입니다.

고덕동의 재건축은 서울 내에서도 손꼽힐 정도로 성공적입니다. 사실상 모든 단지가 동시다발적으로 재건축 분양에 성공했습니다. 2018년도 하반기에 분양했던 고덕 자이를 마지막으로 강동 고덕지구의 로드맵이 완성되었습니다. 고덕 자이가 입주하는 2021년이면 본격적인 새로운 고덕의 모습을 살펴볼 수 있게 될 예정입니다.

단지	아파트	건설사	현재 가구수	진행 상황
고덕 주공 1단지	고덕 아이파크	현대산업개발	1,142	2011년 12월 준공
고덕 주공 2단지	고덕 그라시움	대우건설, 현대건설, SK건설	4,932	2019년 9월 준공
고덕 주공 3단지	아르테온	현대건설, 대림건설	4,057	2020년 2월 준공
고덕 주공 4단지	고덕숲 아이파크	현대산업개발	687	2017년 11월 준공
고덕 주공 5단지	고덕 센트럴 아이파크	현대산업개발	1,745	2019년 12월 준공
고덕 주공 6단지	고덕 자이	자이	1,824	2021년 2월 준공
고덕 주공 7단지	고덕 롯데캐슬 베네루체	롯데건설	1,859	2019년 12월 준공
고덕 시영 아파트	고덕 래미안 힐스테이트	래미안, 현대건설	3,658	2016년 12월 준공
총			19,904	

고덕지구 재건축현황

모든 재건축이 완성되면 고덕동은 구도심에서 완벽한 신도시로 탈바꿈하게 됩니다. 그뿐만 아닙니다. 앞서 언급했던 교통 호재로는 9호선이 있습니다. 2018년도 하반기에 예비타당성을 통과한 9호선은 고덕동이 한 차례 더 비상하는 데 있어서 가장 중요한 역할을 하게 될 것입니다.

또한 서울~세종고속도로가 바로 뒤에 놓입니다. 국가에서 추진하는 사업인 만큼 그 속도가 매우 빠릅니다. 완공 후에는 세종~서울이 1시간으로 접근성이 대폭 개선되며, 서울로 진입하는 초입에 고덕동이 위치하게 됩니다. 직주근접도 개선이 될 예정입니다. 총

23만㎡ 규모의 고덕 상업업무복합단지가 예정되어 있습니다. 또 이곳에 IKEA도 들어올 것으로 알려져 있습니다. 대략 4만 명에 이르는 고용 창출 효과로 단순한 베드타운에서 자족도시로 거듭날 수 있는 힘까지 얻게 됩니다. 그뿐만 아니라 배후 수요지로 하남·미사가 급속도로 발전되고 있습니다. 강남의 중심이 삼성동, 즉 동쪽으로 축이 옮겨가며 동시에 하남·미사가 대규모 개발됨에 따라 서울의 동쪽 끝이던 이곳이 중간 입지로 변모하게 됩니다. 이 모든 것이 완공되는 시점에 고덕동은 기존과는 다른 완벽한 인프라를 갖춘 신도시로 탈바꿈하게 되는 것입니다. 정부가 강동구를 '강남 4구'라고 명명한 것에는 분명한 이유가 있기 마련입니다.

이 모든 미래를 현재 고덕의 대장인 '고덕 래미안힐스테이트'를 통해 살펴보도록 하겠습니다(2019년도 1월 기준. 그라시움 완공시 고덕동의 대장은 그라시움이 될 예정입니다).

<숫자로 보는 고덕 래미안힐스테이트>
3,658세대의 매머드급 단지의 힘!

세대수	총 3,658세대
건설사	삼성물산. 현대건설
준공일	2016년 12월
2018년 실거래 최고가 (전용면적 84㎡ 기준)	12억 5,000만 원(2018년 10월 거래)
KB시세(하위평균가/일반평균가/상위평균가) (전용면적 84㎡)	10억 7,500만 원/11억 2,500만 원/12억 500만 원 (2019년도 3월 마지막 주)

'고덕 래미안힐스테이트(이하 고래힐)'는 고덕 시영 아파트를 삼성물산과 현대건설이 합작해 만든 총 3,658세대의 대단지 재건축 아파트입니다. 2011년 12월에 준공된 고덕 아이파크 다음으로 빠르게 재건축이 이루어졌습니다.

고덕 아이파크 이후 7년 만에 성공적으로 고덕 재건축의 스타트를 끊었다는 점, 그리고 현재 고덕동의 시세를 견인하고 있는 현역 아파트라는 측면에서 '고래힐'은 향후에도 고덕동의 대표 아파트 중 하나로 여겨질 것으로 보입니다.

현재는 명실상부한 고덕동의 랜드마크 아파트로 자리매김했지만, 분양 당시만 해도 말도 많고, 탈도 많은 아파트였습니다. 2014년 말

당시 '고래힐'은 총 분양 1,114세대 중 무려 60%에 육박하는 물량이 미분양되어 '강동구의 미운 오리새끼' 취급을 받았습니다. 가장 큰 이유는 평당 1,900~2,000만 원에 달하는 당시 기준의 고분양가 때문이었습니다. 지금으로서는 상상하기 힘든 분양가이지만, 건설 경기가 좋지 않던 당시만 하더라도 서울 동쪽 끝에 자리 잡은 아파트에 불과해 저평가를 받았던 곳이었습니다. 그러나 입주한 지 3년 차가 되어가는 '고래힐'은 '미분양'에서 '로또'로 탈바꿈한 대표적인 아파트 중 하나로 고덕동에서 누구나 살고 싶어 하는 대장 아파트로 자리 잡게 되었습니다.

고덕의 마지막 분양이었던 '고덕 자이'를 마지막으로 고덕동 주공 아파트들의 재건축 분양은 마무리되고 연이은 입주가 기다리고 있습니다. 단기적으로 보았을 때 1만 5,000세대에 달하는 대규모 입주 물량은 부담이지만, 완성 후 고덕동은 서울 전체에서도 찾아보기 힘든 모든 단지가 1군 건설사 아파트로 이루어진 신도시로 거듭나게 됩니다. 완성된 고덕동의 가치만큼이나 '고덕 래미안힐스테이트' 역시 그 가치를 더해갈 것을 기대해봅니다.

<입지>
살기 좋은 베드타운에서
자족 기능이 강화된 신도시로 거듭나는 곳!

고덕동은 전통적으로 실거주 만족도가 높은 곳으로 실거주를 중심으로 모든 입지적 요인이 훌륭하게 구성되어 있습니다.

먼저 1km 내외로 살펴보겠습니다.

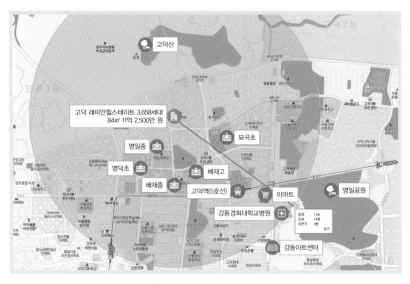

한눈에 보는 고덕 래미안힐스테이트(1km)

교통 : 고덕역(5호선)

환경 : 고덕산, 명일공원

교육 : 명덕초, 명일중, 배재중, 배재고, 묘곡초

인프라 : 강동경희대학교병원, 이마트, 강동아트센터

교통은 고덕역(5호선)에 의지해야 합니다. 도보로 대략 10분 정도 걸리는 역세권으로 유일한 지하철 노선입니다. 향후 9호선이 고덕역으로 들어오게 될 경우 더블 역세권으로 의미가 더해질 것으로 보입니다.

교육은 매우 훌륭합니다. 도보권 5분 정도 거리에 초·중·고가 모두 있어 학부모들이 원스톱으로 쭉 아이를 키울 수 있는 환경이 훌륭하게 조성되어 있습니다. 일대에서도 양질의 학군으로 정평이 나 있는 만큼 학군에 대해서는 큰 걱정을 하지 않아도 될 것으로 보입니다.

환경도 훌륭합니다. 단지와 연결되어 있는 고덕산이 뒤쪽으로 있어 입주민들의 훌륭한 산책로로 활용할 수 있습니다.

인프라도 화려하지는 않지만 필요한 것들이 잘 구성되어 있습니다. 대학병원인 강동경희대학교병원이 도보권으로 있으며, 저렴한 가격으로 문화생활을 즐길 수 있는 강동아트센터, 그리고 이마트 역시 도보권에 있습니다. 전체적으로 화려하지는 않지만, 실속 있는 '실거주 패키지'가 구성된 느낌입니다.

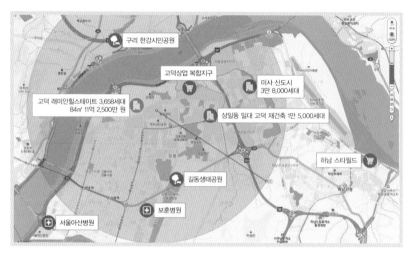

구리 한강시민공원

고덕상업 복합지구

미사 신도시
3만 8,000세대

고덕 래미안힐스테이트 3,658세대
84㎡ 11억 2,500만 원

상일동 일대 고덕 재건축 1만 5,000세대

하남 스타필드

길동생태공원

보훈병원

서울아산병원

한눈에 보는 고덕 래미안힐스테이트(4km)

향후 강동, 특히 고덕지구의 미래가 보입니다.

그간 서울의 동쪽 끝으로 변방의 입지였다면 미사·하남지구의 비약적인 발전, 구리암사대교 개통을 통해 구리, 나아가 남양주까지 배후 수요가 생겼습니다. 서울 동쪽 끝에서 미사, 남양주, 구리, 하남과 같이 동쪽에 있는 도시들의 중심지로 자리 잡게 되었습니다.

고덕지구의 가장 큰 호재는 바로 빠른 속도로 완성되는 상일동 인근의 재건축입니다. 서울에서도 손꼽힐 정도로 빠르게 전 단지의 재건축 계획이 마무리되었습니다. 2021년 2월을 마지막으로 모든 단지가 1군 아파트로 지어진 완벽한 신도시로 거듭나게 되는 것입니다. 또한 고덕지구가 베드타운을 넘어 자족 도시로 거듭나게 해줄 고덕 상업업무복합단지도 눈에 띄는 부분입니다.

여러 가지 측면에서 고덕동이 살기 좋은 베드타운에서 자족 기능을 갖춘 대형 신도시로 거듭나는 모습을 살펴볼 수 있습니다.

<교통 및 직주근접>
문제는 9호선이야!

'고덕 래미안힐스테이트'는 5호선 고덕역 역세권입니다. 대단지 아파트인 만큼 단지와 동에 따라 차이가 있습니다. 3단지의 경우 약 5분에서 7분 정도의 시간이 소요되고, 입구에서 가까운 1단지의 경우 대략 7분 정도의 시간이 소요됩니다. 입구와 다소 거리가 있는 1단지와 2단지는 10~15분 정도의 시간이 걸립니다.

해당 역에서 주요 직장지까지의 거리를 살펴보도록 하겠습니다.

지역	지하철역	소요시간 (분)	환승 횟수	최단 경로
강남 · 서초	❷강남역	31	2	❺고덕역 → ❽천호역 → ❷잠실역 → ❷강남역
	❷삼성역	26	2	❺고덕역 → ❽천호역 → ❷잠실역 → ❷삼성역
	❸양재역	37	2	❺고덕역 → ❺강동역 → ❸오금역 → ❸양재역
종로 · 중구	❺광화문역	38	0	❺고덕역 → ❺광화문역

종로·중구	❸종로3가역	35	0	❺고덕역 → ❺종로3가역
	❶종각역	44	1	❺고덕역 → ❶종로3가역 → ❶종각역
	❷을지로입구역	37	1	❺고덕역 → ❷왕십리역 → ❷을지로입구역
	❷시청역	39	1	❺고덕역 → ❷왕십리역 → ❷시청역
여의도	❺여의도역	53	0	❺고덕역 → ❺여의도역

주요 직장지와의 소요 시간을 살펴보면 현재 고덕에 왜 9호선이 필요한지 알 수 있습니다.

고덕동의 경우 입지상 원래 종로, 여의도 접근성을 주력으로 하는 곳이 아닌, 강남 접근성을 기반으로 한 곳입니다. 수치상으로는 30분 내외로 강남 일대에 접근이 가능하지만, 실제로는 두 번이나 환승을 해야 한다는 점에서 실제 소요시간이 더 많이 걸리는 편입니다. 하지만 고덕역으로 예정된 9호선 연장이 실현된다면 강남 접근성이 대폭 개선됩니다. 고덕역에서 삼성동 봉은사역까지는 총 11 정거장으로 대략 20분 내외의 소요시간이 예상됩니다.

강남까지의 절대적인 거리에 비해 강남 접근성에 아쉬움이 있는 만큼 9호선이 완성되었을 때 고덕동 일대는 비로소 강남 4구로의 마지막 퍼즐을 맞추게 됩니다. 그 유명한 빌 클린턴(Bill Clinton) 미국 전 대통령의 선거 구호를 빌리자면 '문제는 9호선이야!' 정도로 표현할 수 있을 듯합니다.

\<교육\>
조용하면서 강한 고덕 학군의 저력

전통적으로 학군이 좋은 동네입니다. 그리고 향후 더 좋아질 가능성이 매우 커 보입니다. 묘곡초, 명덕초, 명일초, 명일중, 배재중·고, 한영고, 한영외고가 인접해 있습니다. 전통의 명문 초·중·고 학교들이 포진해 있습니다. 이사 없이 초등학교부터 고등학교까지 자녀를 쭉 키울 수 있는 훌륭한 환경입니다.

단지별로 초등학교 학군이 다소 구별됩니다. 초등학교는 2단지는 명덕초, 1·3단지는 묘곡초 학군입니다. 2단지는 차가 많이 다니지 않는 작은 길을 건너면 명덕초등학교를 갈 수 있기 때문에 초등학생을 둔 부모들이 많이 선호합니다. 중학교는 명일중에 진학을 하게 됩니다. 명일중은 고덕동에서 가장 선호하는 중학교로 높은 학업성취도를 자랑하는 곳입니다.

명일중

년도	졸업자수	과학고	외고·국제고	자율형사립고	특목고 진학명수
2016	306	2	5	42	49
2017	255	1	5	44	50
2018	248	3	4	11	18

명일중학교의 지난 3년간 특목고 진학률로 살펴보겠습니다. 고덕동의 명성에 비해서는 높지 않은 수준입니다. 하지만 명일중학교의 경우 특목고 진학률로는 보이지 않는 저력이 숨어 있습니다. 바로 특목고 못지않은 인근 일반 고등학교의 학군입니다.

2019년 고덕의 일반 고등학교는 서울대 진학 최상위권에 랭크되는 기염을 토했습니다. 특히 배재고와 한영고의 경우 전국에서도 손꼽히는 서울대 진학 성적으로 놀라움을 더했습니다.

순위	고교명	서울대 합격자수 (정시,수시 포함)	소재
1	단대부고	28	강남구
2	상문고	18	서초구
3(공동)	진선여고	17	강남구
	서울고	17	서초구
5(공동)	숙명여고	16	강남구
	강서고	16	양천구
7	한영고	14	강동구
8	낙생고	13	성남시
9(공동)	중산고	12	강남구
	세광고	12	청주시

일반 평준화 지역의 2019 서울대 합격자수(한영고가 7등으로 눈에 띄는 성적을 거두었다)

학원가의 경우 고덕역 중심 상가 쪽에 학원들이 있지만, 규모가 크지 않습니다. 하지만 이미 학군이 형성된 상황에서 재건축 아파트가 차례로 입주하는 2019~2020년 이후에 본격적인 학원가가 형성될 가능성이 커 보입니다.

<환경>
손꼽히는 친환경 아파트, 2기 신도시조차 뛰어넘는 녹지율!

  고덕동은 서울 내에서도 손꼽는 환경으로 유명한 곳입니다. 계획적으로 형성이 된 2기 신도시도 뛰어넘는 녹지율을 자랑하고 있습니다.

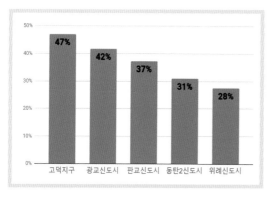

출처 : 국토교통부 LH

  단지 뒤로는 생태육교를 통해서 고덕산이 연결되어 있고, 앞으로는 두레근린공원, 까치근린공원 등 여러 근린공원이 있습니다.

  사실 서울 내에서

도 환경이 좋은 곳은 많습니다. 하지만 높은 질의 대규모 택지가 구성된 곳에 환경까지 더해진 곳은 굉장히 제한적입니다. 그런 면에서 '고래힐'은 손꼽히는 수준입니다. 미래의 가치 중 하나가 환경이라고 보았을 때 '고래힐'은 최상위권에 속하지 않을까 싶습니다.

단지 뒤쪽 생태 육교로 직접 연결된 고덕산

![인프라 아이콘]

\<인프라\>
살기 좋은 베드타운 인프라의 모범사례,
3,658세대 아파트 인프라의 힘!

전반적으로 균형 잡힌 인프라를 갖추고 있습니다. 유흥가가 없는 가운데 도보 15분 거리에 이마트를 중심으로 중심 상가에 모든 편의시설이 갖추어져 있습니다. 차량으로 15분 내외로 접근 가능한 곳에 하남 스타필드가 있습니다. 강동 아트센터는 아마 고덕동 인근 주민들이 가장 사랑하는 인프라 중 하나가 아닐까 싶습니다. 양질의 공연들이 매우 저렴한 가격에 주민들에게 제공됩니다. 또한 강동경희대학교병원이 도보권에 있다는 것은 큰 메리트 중 하나입니다.

추가적으로 대단지 자체가 가지고 있는 인프라 요소가 훌륭합니다. 3,658세대 대단지 아파트의 힘입니다. 먼저 단지 조경이 매우 훌륭합니다. 단지 전체의 면적이 선유도공원보다 넓은 수준입니다. 조경 면적이 전체 면적의 44%를 차지하며 단지 둘레길이 1㎞에 달하고, 최근 선호하는 물 놀이터도 역시 보유하고 있습니다. 커뮤니티 시설 역시 양과 질적으로 훌륭합니다.

해당 아파트에서 가장 자랑하는 시설은 바로 대규모 사우나 시설입니다. 웬만한 대중탕보다 큰 규모로 주민들의 만족도가 매우 높

서울 전체 아파트를 통틀어도 손꼽힐만한 고래힐의 조경

습니다. 골프 연습장과 헬스장이 잘 갖추어져 있고, 국내 최초로 실내 클라이밍을 도입했습니다. 입주민을 위한 카페와 디저트 카페, 영어 도서가 비치된 북카페 및 키즈카페, 도서관이 운영됩니다. 게스트룸과 코인 세탁실도 마련되어 있습니다.

클라이밍, 영어 발레, 요가, 필라테스, 골프 등 38개의 휘트니스 강좌와 커피, 꽃꽂이, 가죽공예, 바둑, 과학탐구, 영어회화 등 58개의 문화 강좌를 진행하고 있습니다.

또한, 단지와 고덕산이 생태육교로 연결되어 있다는 것이 주변의 타 아파트와 차별화되는 요소입니다. 단지 자체 내에서 대부분의 것들이 가능한 인프라가 구축되어 있는 것이 가장 큰 특징 중 하나입니다.

한 줄 평

9호선만 들어오면 빠지는 게 없는 곳!

내 집 마련, 서울 대장 아파트에 답이 있다!

마곡 엠밸리 7단지
금수저를 물고 태어난
서울시의 마지막 늦둥이

마곡 엠벨리 7단지

3장. 서울 대장 아파트 이야기

<강서구 이야기>
마곡지구를 통해 서쪽 끝 변방에서
서남권 최고의 블루칩으로 다시 태어나다!

서울의 서쪽 끝, 강서구입니다.

강서구가 주목을 받게 된 지는 그리 오래되지 않았습니다. 입지적으로 서울의 서쪽 끝에 있다는 점 때문에 변방 취급을 받았던 것이 강서구입니다. 그러한 강서구가 최근 서울에서도 가장 핫한 곳 중 하나로 떠올랐으니, 그 일등 공신은 바로 마곡지구입니다.

마곡지구는 서울의 마지막 대형 개발지구입니다. 총 1만 2,000세대에 육박하는 규모로 서울시에서도 손꼽히는 대형 신규 택지지구입니다. 조순 전 서울시장이 후대를 위해서 물려줄 마지막 땅으로 남겨뒀다고 알려진 서울시 대형 개발의 '마지막 늦둥이'입니다. 일반적으로 '늦둥이'가 집에서 전폭적인 사랑을 받듯, 마곡 역시 서울시가 줄 수 있는 모든 혜택을 다 몰아서 받았습니다. 제대로 된 것을 하나만 가지고 있어도 대형 호재로 꼽히는 입지 요소인 직장, 녹지, 교통, 상업시설 등의 인프라를 마곡은 모두 가졌습니다. 그래서 신도시가 완성되기도 전에 '학군'을 제외하면 부족한 것이 없는 '완성형'으로써 발전해 나가고 있는 곳이 바로 마곡지구입니다.

아파트	세대수	준공일
마곡 엠밸리 1단지	237	2014년 6월
마곡 엠밸리 2단지	408	2014년 6월
마곡 엠밸리 3단지	315	2014년 6월
마곡 엠밸리 4단지	420	2014년 6월
마곡 엠밸리 5단지	439	2014년 6월
마곡 엠밸리 6단지	1,466	2014년 6월
마곡 엠밸리 7단지	1,004	2014년 6월
마곡 엠밸리 8단지	531	2016년 7월
마곡 엠밸리 9단지	1,529	2019년 분양예정
마곡 엠밸리 10단지	550	2016년 8월
마곡 엠밸리 11단지	347	2016년 9월
마곡 엠밸리 12단지	363	2016년 9월
마곡 13단지 힐스테이트 마스터	1,194	2017년 4월
마곡 엠밸리 14단지	1,270	2014년 5월
마곡 엠밸리 15단지	1,171	2014년 5월
마곡 힐스테이트	603	2015년 12월
총 세대수	11,847	

마곡의 주요 단지 현황

이로 인해 마곡은 서울의 어떤 곳보다 확정된 개발 호재가 많으며, 그 개발 로드맵이 순조롭게 진행되고 있습니다. 그렇다면 이제 마곡의 대장 아파트인 '마곡 엠벨리 7단지'에 대해서 본격적으로 살펴보도록 하겠습니다.

<숫자로 보는 마곡 엠벨리 7단지>
분양가 대비 2.5배! 전설을 써나가는 마곡 엠벨리 7단지

세대수	총 1,004세대
건설사	금호산업(주) 외1
준공일	2014년 6월
2018년 실거래 최고가 (전용면적 84㎡ 기준)	11억 7,000만 원(2018년 9월)
KB시세(하위평균가/일반평균가/상위평균가) (전용면적 84㎡)	10억 2,000만 원/11억 원/11억 6,500만 원 (2019년 3월 마지막 주)

전체 1만 2,000세대가 조금 넘는 마곡지구의 대장 아파트입니다. 총 16개의 아파트 단지 중 마곡을 상징하는 입지에 위치해 있어 현재 마곡 전체의 대장 역할을 하고 있습니다.

1,000세대가 넘는 대단지 아파트로 마곡 전체에서도 귀한 대단지 아파트입니다.

시세는 이미 84㎡를 기준으로 10억이 훌쩍넘는 11~12억 원대에 거래되었습니다. 2013년 분양 당시 대비 2.5배 이상이 올랐습니다. 그뿐만 아니라 지금으로서는 상상할 수 없는 2013년에 발표된 양도소득세 100% 감면(신규 주택, 미분양 주택, 1가구 1주택자의 주택으로 취득가액 6억 원 이하 85㎡ 이하) 조건에 해당하는 아파트입니다. 여러모로 전설로 남을 만한 요건을 갖춘 아파트가 아닐까 싶습니다.

\<입지\>
마곡을 상징하는 모든 것이 도보권! 마곡 최고의 입지!

마곡을 상징하는 주요 입지 요소를 무려 도보권으로 갖춘 입지입니다.

먼저 1㎞ 내의 입지적인 요인을 살펴보도록 하겠습니다.

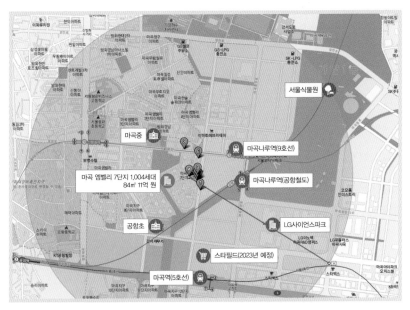

한눈에 보는 마곡 엠벨리 7단지(1km)

3장. 서울 대장 아파트 이야기

교통 : 마곡나루역(9호선, 공항철도), 마곡역(5호선) 역세권

환경 : 서울식물원

직주근접 : LG사이언스 파크를 대표로 하는 직장

상권 : 마곡 스타필드(2023년 예정)

인프라 : 강서 농산물도매시장, 김포공항, 김포공항 이마트 및 롯데백화점, 이대서울병원

1km 내외 도보권 입지의 구성이 올스타급입니다. 아직 완성되지 않은 도시임에도 현재 완성된 수준의 인프라를 갖추고 있습니다. 특히 교통의 완성이 고무적입니다. 9호선과 공항철도 그리고 5호선까지 트리플 역세권입니다. 일반적으로 한국의 신도시들의 경우 주거-인프라-교통순으로 정착되는 것이 일반적이며, 교통이 완성되는 데까지 10년의 시간이 걸리곤 합니다. 하지만 마곡의 경우 신도시임에도 불구하고 이미 교통이 '완성'되어 있습니다. 그리고 지도를 보면 아시다시피 교통 입지의 정점에 '마곡 엠벨리 7단지'가 있습니다.

지도를 조금 더 넓혀 4km 내외의 입지 요인을 살펴보겠습니다.

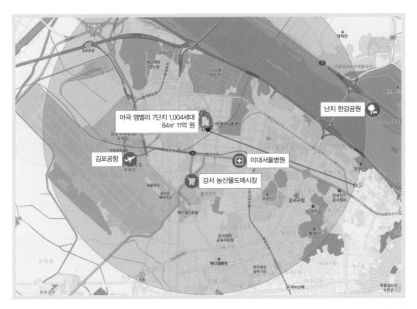

한눈에 보는 마곡 엠벨리 7단지(4km)

4km 내외에는 특별한 입지적인 요인은 없습니다. 동서남북을 살펴보아도 마곡이 가장 발전 가능성이 높은 동네입니다. 마곡의 입지는 마곡의 주변 입지의 영향보다는 내부 입지의 힘에서 나온다는 사실을 알 수 있습니다.

한마디로 서남권에 있는 타 도시들에 의해 마곡이 커나가는 것이 아닌 마곡에 의해 서남권이 커나간다고 볼 수 있습니다.

<교통 및 직주근접>
강남, 종로, 여의도가 아닌 마곡을 중심으로 따지는 직주근접!

마곡지구의 경우 주요 3대 직장지와의 거리를 따지는 것이 큰 의미가 없습니다. 마곡 자체에 16만 개에 달하는 양질의 일자리가 있어 3대 직장지와의 거리가 아니라 타 지역에서 마곡지구의 접근성을 따져야 할 정도입니다. 이로 인해 직주근접이 아닌 직주일치라고 할 수 있을 정도입니다.

마곡의 직장은 양과 질적인 측면이 모두 훌륭합니다. 무려 137개의 기업이 입주할 예정이며, 일자리도 16만 개에 육박합니다. 자족신도시의 대표 도시인 판교의 일자리 규모가 7만 6,000개인 것을 감안하면 16만 개의 일자리가 얼마나 거대한 것인지 알 수 있습니다. 또한 대기업의 비중이 높다는 측면도 마곡 일자리의 가치를 더해주는 부분입니다.

대한민국 최고의 그룹 중 하나인 LG가 들어왔다는 것 자체로 최고 수준의 직장을 보유하고 있다고 보아도 좋습니다. 그뿐만 아니라 롯데컨소시엄, 코오롱 등 수많은 대기업 입점이 확정되어 있습니다.

그리고 무려 해당 기업에 접근성의 기준이 '도보'입니다.

직주근접의 시대에 직주근접의 기준이 교통수단이 아닌, 도보가 되었을 때 파급력은 광화문을 걸어서 갈 수 있는 아파트인 경희궁 자이를 통해 살펴볼 수 있습니다. 마곡 역시 '직주근접'에서 나아가 '직주일치'의 효과에 대해 이야기할 수 있는 가장 좋은 예 중 하나입니다.

본격적으로 주요 직장지와의 거리를 살펴보겠습니다. 마곡 엠벨리 7단지의 경우 마곡의 대표적인 일자리 중 하나인 LG 사이언스밸리까지 도보 10분이 소요됩니다. 삶의 질이 완벽하게 달라지는 수준입니다.

단지 뒤쪽에서 보이는 LG 사이언스파크. 도보 10분으로 접근성이 훌륭하다

지역	지하철역	소요시간 (분)	환승 횟수	최단 경로
강남 · 서초	❷강남역	56	1	❾마곡나루역 → ❷당산역 → ❷강남역
	❾봉은사역	56	0	❾마곡나루역 → ❾봉은사역
	❸양재역	54	1	❾마곡나루역 → ❸고속터미널 → ❸양재역
종로 중구	❺광화문역	36	1	❺마곡역 → ❺광화문역
	❺종로3가역	38	0	❺마곡역 → ❺종로3가역
	❶종각역	44	1	❺마곡역 → ❶신길역 → ❶종각역
	❷을지로입구역	40	1	❺마곡역 → ❷영등포구청역 → ❷을지로입구역
여의도	❾여의도역	25	0	❾마곡나루역 → ❾여의도역

간단하게 정리하자면 환승 없이 25분이 소요되는 여의도를 제외하고는 특별하게 메리트가 있는 시간대는 아닙니다. 특히 강남 쪽의 소요 시간은 한 시간 이상일 것으로 보입니다.

하지만 앞에서 언급했듯 마곡은 마곡 자체의 수요를 채우기도 충분합니다. 한마디로 마곡은 직주근접의 기준을 '강남, 종로, 여의도'가 아닌 '마곡'으로 세울 만한 힘이 있는 곳입니다.

어쩌면 머지않은 미래에 우리는 마곡을 제2의 판교가 아닌 제1의 마곡이라고 부를지도 모르겠네요.

\<교육\>
금수저 신도시가 가지고 태어나지 못한 유일한 아킬레스건

공항초·중, 마곡중 학군입니다. 둘 다 초중품아는 아닙니다.
거리는 가깝습니다. 300m 내외의 거리로 도보 5분 거리입니다.
중학교 특목고 현황을 살펴보겠습니다.

마곡중

년도	졸업자수	과학고	외고·국제고	자율형사립고	특목고 진학명수
2016	42	0	1	5	6
2017	71	0	0	2	2
2018	207	2	4	10	16

공항중

년도	졸업자수	과학고	외고·국제고	자율형사립고	특목고 진학명수
2016	248	0	4	9	13
2017	224	0	2	5	7
2018	136	0	1	3	4

학군은 갈 길이 매우 멀어 보입니다. 인근 두 학교 모두 3년간의
특목고 진학이 매우 저조한 편입니다. 자체적으로 학원가가 형성되
고 있으나 완성된 수준이 아닙니다. 하지만 목동과의 접근성이 좋은

만큼 서울 3대 학원가인 목동 학원 인프라를 활용할 수 있습니다. 학군의 경우 마곡의 입지 요소 중에 유일하게 약점을 보이는 요인으로 시간이 다소 필요할 것으로 판단됩니다.

<환경>
'서울식물원' 하나면 되는 것 아니겠니?

마곡의 가치에 방점을 찍어 줄 입지 요인이며, 타 서울과 차별화될 수 있는 요인이 바로 환경입니다. 서남권 최대 규모, 나아가 서울에서도 상징적인 규모의 녹지공간이 마곡 엠벨리 7단지에서 도보권으로 있습니다.

바로 2018년 10월에 개장한 '서울식물원'입니다.

마곡 서울식물원의 경우 규모에 집중해야 합니다. 규모가 무려 여의도 공원(23만㎡)의 2배(50.3만㎡) 수준입니다. 외부에서 많은 시간을 들여서 찾아와야 하는 인프라를 도보권으로 누릴 수 있습니다. 가히 마곡에 사는 사람들의 자부심이 될 수 있는 부분입니다. 해당 인프라를 '마곡 엠벨리 7단지'에서 도보 15분으로 누릴 수 있습니다.

더 이상 설명이 필요 없는 최고 수준의 환경입니다.

\<인프라\>

서남권 최고의 상권을 걸어서! 기대하라. 마곡 스타필드!

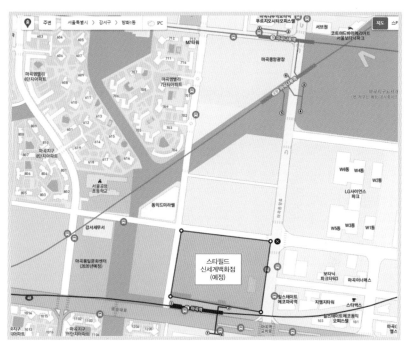

마곡역 앞에 계획되어 있는 스타필드와 신세계 백화점

현시점에서는 김포공항 쪽 인프라를 이용해야 하지만, 대형 쇼핑몰의 아이콘이라고 할 수 있는 스타필드+신세계 백화점이 도보권

3장. 서울 대장 아파트 이야기

입지로 예정되어 있습니다.

지도와 같이 마곡역 앞으로 스타필드와 신세계 백화점 입점이 2023년에 계획되어 있습니다.

도보 10분 내외의 거리입니다. 이것 하나만으로 시세를 들썩이게 할 수 있는 대형 호재이며, 생활 편의시설에 대해 논하는 것은 큰 의미가 없습니다. 상권마저 서남권 최고 수준으로 이 정도면 서남권 타 도시들의 시샘을 사도 전혀 이상하지 않습니다.

그뿐만 아닙니다. 대기업들의 기부채납으로 인한 공연장과 미술관 역시 계획되어 있습니다. LG의 경우 1,300석 규모의 대형 공연장을 서울식물원 내에 조성 중이며(2021년 개장 예정), 코오롱은 미술관 '스페이스 K 서울'을 2019년 하반기에 개장합니다.

상권을 넘어 뭐 하나 빠지는 것이 없는 인프라로 거듭나고 있는 마곡입니다.

한 줄 평

제2의 판교? 제1의 마곡!

영등포 아크로타워스퀘어

새로운 영등포의 서막을 열다

영등포 아크로타워스퀘어

3장. 서울 대장 아파트 이야기

<영등포구 이야기>
폼은 일시적이지만 클래스는 영원하다. 원조 강남 영등포구!

영등포구를 한마디로 표현하자면 '원조 강남'이라고 할 수 있습니다. 본래 영등포구는 서초, 동작, 관악, 강서, 양천, 구로, 금천구의 모체가 되었던 곳으로 한강 남쪽의 대부분을 포함하는 서울에서도 가장 넓은 행정구역이자 가장 많은 인구가 거주했던 곳이었습니다. 현재 강남구에서 단군 이래 최대 개발 사업이 진행될 예정인 영동대로의 영동은 영등포의 동쪽이라는 의미였습니다. 한마디로 왕년에 한강 남쪽은 지금의 강남이 아닌, 영등포를 중심으로 구분이 되었던 것이죠.

영등포구에는 전통의 부촌 여의도동이 있습니다. 하지만 영등포구의 다른 동에 비해 압도적으로 뛰어난 브랜드 가치와 인지도로 여의도는 행정구역상 영등포구에 포함되어 있음에도 불구하고 따로 분류가 되는 경향이 있습니다. 여의도가 부촌인 것은 인정하지만 영등포구 자체를 부촌으로 여기지는 않는 것입니다. 압구정동이 있는 강남구와 반포동을 품고 있는 서초구 전체가 부촌으로 여겨지는 것과는 큰 차이가 있습니다.

가장 큰 이유는 역시나 영등포구의 노후화입니다. 영등포구 대부분의 지역은 일찍이 개발이 시작되었습니다. 특히 대한제국 말기부터 영등포역이 설치될 정도로 전통적 교통의 요충지였던 탓에 오가는 사람들이 많았을뿐더러 이곳저곳 난개발이 되었습니다. 이러한 영등포는 노후화가 됨에 따라 사람들이 비선호하는 낡은 구도심이 되어버렸습니다.

하지만 '폼은 일시적이지만 클래스는 영원하다'라는 말은 스포츠가 아닌 부동산에서 역시 유효한 말입니다. 영등포 역시 원조 강남의 입지가 가진 힘을 기반으로 새로운 주거지로써 거듭나기 위한 첫발을 내딛고 있습니다. 그리고 그 중심에는 바로 두 개의 뉴타운, 영등포 뉴타운과 신길 뉴타운 사업이 있습니다.

신길 뉴타운의 경우 영등포 뉴타운에 비해 상대적으로 속도가 빨랐습니다. 서울에서 장위 뉴타운 다음으로 규모가 큰 서남부 최대 뉴타운입니다.

최초에 계획된 1만 6,000세대에는 미치지 못하지만, 총 16개 구역 중 무려 10구역이 이미 준공을 마무리 지었거나 분양을 앞두고 있습니다. 2022년 정도면 대부분 입주가 마무리될 것으로 보여 1만 세대에 육박하는 완벽한 신도시로 거듭나게 됩니다.

구역	건설사	아파트 이름	세대수	준공일
1구역	지정해제			
2구역	지정해제			
3구역	포스코	신길 더샵	799	2020년 하반기 분양
4구역				
5구역	SK건설	보라매 SK뷰	1,546	2020년 1월
6구역	지정해제			
7구역	삼성물산	래미안에스티움	1,722	2017년 4월
8구역	GS건설	신길 파크자이	641	2020년 12월
9구역	현대건설	힐스테이트클래시안	1,476	2020년 10월
10구역	대우건설	신길 푸르지오	894	분양 미정
11구역	삼성물산	래미안프레비뉴	949	2015년 12월
12구역	GS건설	신길 센트럴자이	1,008	2020년 2월
13구역	추진위원회 승인			
14구역	현대산업개발	신길 뉴타운 아이파크	612	2019년 2월
15구역	지정해제			
16구역	지정해제			
총	9,647			

신길 뉴타운 현황

　　반면 영등포 뉴타운의 경우 가야 할 길이 먼 사업입니다. 최초에 계획되었던 규모에 비해 절반 이하로 규모가 줄어들었으며, 현재 남아 있는 사업 역시 지지부진한 상황입니다. 그나마 '영등포 아크로타워스퀘어'가 포문을 열어주고, 뒤이어 영등포 뉴타운 꿈에그린이 성공적으로 분양을 끝맺어 명맥을 잇는 상황입니다. 현 시점에서는 단기간의 변화가 불투명한 상황이지만, 이미 '영등포 아크로타워스퀘어'를 통해 영등포 입지가 가진 힘을 확인한 만큼 완성되는 순간 그 어떤 곳보다도 크게 비상할 것입니다.

새로운 영등포구의 서막을 연 대장 아파트, '영등포 아크로타워 스퀘어'를 살펴보도록 하겠습니다.

<숫자로 보는 영등포 아크로타워스퀘어>
미분양의 대명사에서 로또 분양의 아이콘으로!

세대수	총 1,221세대
건설사	대림산업
준공일	2017년 9월
2018년 실거래 최고가 (전용면적 84㎡ 기준)	12억 8,000만 원(2018년 9월 거래)
KB시세(하위평균가/일반평균가/상위평균가) (전용면적 84㎡)	12억 7,500만 원/13억 1,500만 원/13억 5,000만 원 (2019년 3월 마지막 주)

영등포 뉴타운의 서막을 여는 아파트입니다. 대림산업이 재개발을 진행한 총 1,221세대의 아파트 단지로 2017년 9월에 준공한 새 아파트입니다.

영등포에서 신길 뉴타운의 래미안에스티움(1,722세대) 다음으로 규모가 큰 10년 이내 새 아파트입니다.

현재는 영등포의 독보적인 대장 아파트로 비상한 '영등포 아크로타워스퀘어'지만 시작은 우여곡절이 많았습니다. 당시 영등포 뉴타운에서 최초로 분양했음에도 미분양으로 완판까지는 수개월의 시간이 소요되었습니다. 당시에 고분양가로 평가 받았던 평당 1,900만원대의 분양가 때문입니다. 영등포 뉴타운의 성패를 가늠하는 첫 단추였기에 기대는 컸지만, 그로 인해 실망도 컸던 결과였습니다. 따라서 시장에서 '영등포 아크로타워스퀘어'를 보는 눈은 미운 오리 새끼였던 것이죠. 하지만 입지의 힘은 거짓말을 하지 않습니다. 미운 오리새끼가 백조로 비상하는 데는 오랜 시간이 걸리지 않았습니다. 2017년 준공 이후 1년 반 정도 지난 2019년 2월 현재, '영등포 아크로타워스퀘어'의 시세는 분양가의 두 배에 육박하는 평당 3,800만원입니다. 부동산에서 입지를 첫 번째로 살펴보아야 하는 가장 좋은 예가 아닐까 싶습니다.

\<입지\>
여의도를 걸어서 갈 수 있는 유일무이한 입지

　지도를 보면 고개가 끄덕여지는 입지입니다. 압도적인 여의도 접근성을 가진 입지입니다. 1㎞ 내외의 지도를 통해 대략적인 입지를 살펴보겠습니다.

한눈에 보는 아크로타워스퀘어(1km)

　교통 : 영등포시장역(5호선), 영등포구청역(2호선, 5호선), 국회의사
　　　　당역(9호선), 영등포역(1호선)

인프라(상권) : 타임스퀘어, 신세계백화점, 롯데백화점, IFC몰
인프라(공원) : 여의도공원, 영등포공원

가장 큰 입지의 힘은 서울 3대 직장지인 여의도와의 절대적인 거리입니다. 도보로 국회의사당역까지 10분 정도밖에 소요되지 않기 때문에, 행정구역상의 구분을 제외하면 사실상 여의도의 사정권에 있는 신축 아파트로 보아도 무방합니다.

그뿐만 아닙니다. 원래 가까운 곳을 5호선 영등포시장역 초역세권으로 아예 5분 생활권으로 묶어버렸습니다. 여의도역까지는 단두 정거장으로 4분이 소요됩니다. 이로써 여의도의 인프라 모두를 10분 내로 접근할 수 있게 됩니다. 여의도의 자랑인 여의도 한강공원, 여의도공원을 집 앞 공원처럼 이용할 수 있습니다.

도보권으로 활용할 수 있는 상권도 최상급입니다. 타임스퀘어, 신세계 백화점, 롯데백화점 등 영등포를 상징하는 대형 상권까지 도보로 10~15분 내로 접근 가능합니다.

이로써 '내 것인 듯 내 것 아닌 내 것 같은' 여의도 및 영등포 인프라를 모두 갖추었습니다. 아파트를 나서서 처음 접하게 되는 풍경으로는 상상이 되지 않지만, 분명 의미 있는 시간대에 교통, 상권, 녹지를 모두 활용할 수 있습니다.

4km 내외의 입지 요소를 살펴보겠습니다.

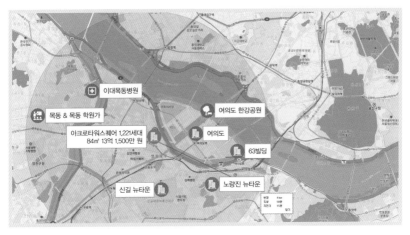

목동 & 목동 학원가
이대목동병원
아크로타워스퀘어 1,221세대
84㎡ 13억 1,500만 원
여의도 한강공원
여의도
63빌딩
신길 뉴타운
노량진 뉴타운

한눈에 보는 아크로타워스퀘어(4km)

교통 & 직주근접 : 여의도

교육 : 목동 학원가

환경 : 여의도 한강공원

인프라 : 여의도 일대 인프라(IFC몰, 63빌딩 등), 이대목동병원

4km 반경 원으로 여의도 전체를 통으로 품고 있습니다. 사실상 여의도 접근성이 '영등포 아크로타워스퀘어'의 가장 큰 핵심임을 지도를 통해서 다시 살펴볼 수 있습니다. 이웃들도 훌륭합니다. 가장 큰 재건축 잠룡 중의 하나이자 대한민국 3대 학원가를 품고 있는 목동이 서쪽 근거리에 자리 잡고 있으며, 동쪽에는 노량진 뉴타운이

3장. 서울 대장 아파트 이야기

있는 동작구와 접하고 있습니다. 변화의 가능성이 큰 지역들 인근에 위치한 만큼 이웃들과 함께 변화해나갈 수 있는 좋은 입지로 여겨집니다.

<교통 및 직주근접>
도어 투 도어(Door-to-Door) 10분 내로
여의도 출퇴근이 가능한 곳. 여의도 직주근접의 끝판왕!

여의도 직주근접의 끝판왕입니다. 여의교를 건너면 대략 15분 내로 여의도에 진입할 수 있으며, 여의도역까지 도보로 2.5㎞ 거리입니다. 5호선으로 단 두 정거장 만에 여의도에 접근할 수 있습니다. 또한, 5호선 초역세권입니다. 실제로 걸어 보았을 때 정문에서 영등포시장역 2번 출구까지 단 1분이 소요됩니다. 여의도 직장인이 대단지 새 아파트를 원한다면 좋은 선택지입니다. 향후 몇 년간 여의도 내에 새 아파트 공급이 쉽지 않다는 측면에서 한동안 꽤 괜찮은 여의도 직주근접 아파트로 자리 잡을 것이 분명합니다.

주요 직장지와의 거리를 살펴보겠습니다.

결과가 매우 놀랍습니다. 여의도역까지 환승 없이 두 정거장으로 4분이 소요됩니다. 광화문, 종로 일대의 접근성도 매우 훌륭합니다.

지역	지하철역	소요시간 (분)	환승 횟수	최단 경로
강남·서초	❷강남역	36	1	⑤영등포시장역 → ❷영등포구청역 → ❷강남역
	❷삼성역	42	1	⑤영등포시장역 → ❷영등포구청역 → ❷삼성역
	❸양재역	35	2	⑤영등포시장역 → ⑨여의도역 → ❸고속터미널역 → ❸양재역
종로·중구	⑤광화문역	17	0	⑤영등포시장역 → ⑤광화문역
	⑤종로3가역	19	0	⑤영등포시장역 → ⑤종로3가역
	❶종각역	25	1	⑤영등포시장역 → ❶신길역 → ❶종각역
	❷을지로입구역	22	1	⑤영등포시장역 → ❷충정로역 → ❷을지로입구역
	❶시청역	23	1	⑤영등포시장역 → ❶신길역 → ❶시청역
여의도	⑤여의도역	4	0	⑤영등포시장역 → ⑤여의도역

평균 20분이 소요되는 정도입니다. 특히 '영등포 아크로타워스퀘어'의 경우 역까지의 거리가 1~2분밖에 소요되지 않는 초역세권입니다. 따라서 여의도는 도어 투 도어(Door-to-door) 10분 내외, 종로 일대는 30분 이내로 도착이 가능합니다. 최근 가장 큰 트렌드인 직주근접에 완벽하게 부합하며, 특히 여의도가 직장이라면 직주근접 측면에서 꿈의 아파트라고 할 수 있습니다.

<교육>

단기간의 개선이 힘든 학군이 가장 큰 약점!
단, 목동 학원가 접근성은 훌륭하다!

아파트 주변이 교육에 좋은 환경은 아닙니다. 일대가 정비될 필요성이 있습니다. 초등학교는 영중초등학교입니다. 초품아는 아니지만 도보 5분 거리입니다.

문제는 중학교입니다. 모든 중학교가 1㎞ 내외로 있어 도보로 통학하기에 어려운 측면이 있습니다. 그나마 가장 가깝게 있는 당산중학교, 당산서중학교, 영원중학교의 진학 성적을 살펴보도록 하겠습니다.

당산중

년도	졸업자수	과학고	외고·국제고	자율형사립고	특목고 진학명수
2016	192	4	3	25	32
2017	167	0	2	20	22
2018	152	3	4	25	32

당산서중

년도	졸업자수	과학고	외고·국제고	자율형사립고	특목고 진학명수
2016	206	0	4	31	35
2017	194	0	3	24	27
2018	155	0	3	21	24

년도	졸업자수	과학고	외고·국제고	자율형사립고	특목고 진학명수
2016	356	1	3	42	46
2017	264	1	2	22	25
2018	242	0	1	15	16

일반적으로 학군의 개선은 일대의 대규모 재건축·재개발과 함께 이루어집니다. 하지만 일대가 단기간에 정비될 가능성이 크지 않습니다. 단일 아파트로 학군을 정비하기에는 1,221세대는 충분하지 않기 때문입니다.

학원가는 목동으로 라이딩하기에는 나쁘지 않은 거리입니다. 대략 4㎞ 내외의 거리입니다. 지하철로도 세 정거장에 불과해 접근성이 상당히 좋습니다.

\<환경\>
여의도공원, 여의도 한강공원을 내 집 앞 공원처럼!

단지를 벗어나서 보이는 주변은 환경과는 다소 거리가 있는 것처럼 느껴집니다. 하지만 조금만 마음을 열고 주변을 살펴보면 천혜의 환경을 갖춘 곳임을 알 수 있습니다.

기본적으로 도보 5분 거리인 한강샛강공원이 있습니다. 환경 요인 중 가장 강력한 한강 인프라를 도보로 즐길 수 있습니다. 그뿐만 아니라 여의도를 상징하는 인프라인 여의도광장, 여의도공원, 여의도 한강공원 등 여의도의 녹지 공간을 지하철 두 정거장으로 이용 가능합니다.

앞에서 언급했듯 '내 것인 듯 내 것 아닌 내 것 같은' 환경 요인이 충분한 곳이 바로 '영등포 아크로타워 스퀘어'의 장점 중 하나입니다.

규모는 크지 않지만 잘 구성된 단지 내 조경

\<인프라\>
타임스퀘어, 신세계백화점, 롯데백화점부터 영등포 전통시장
까지, 취향대로 고를 수 있는 인프라!

부족함이 없습니다. 재래시장부터 몰까지 다 갖추었다고 보아
도 무방합니다. 타임스퀘어, 신세계백화점, 롯데백화점이 도보로
10~15분 거리에 있습니다. 게다가 도보 5분 거리에 영등포 전통시
장이 있습니다.

한마디로 원하는 취향
에 따라 쇼핑할 수 있는 여
건이 완벽하게 갖추어진
상권입니다. 병원으로는
한림대학교한강성심병원이
도보 5분 거리에 있습니다.
전반적으로 생활에 필요한
것은 모두 도보권에 위치
한 완벽한 입지입니다.

그뿐만 아닙니다. 여의
도 IFC몰을 비롯한 여의도

아크로타워 스퀘어 바로 앞에 있는 영등포 전통시장

의 상권 및 생활편의시설, 인프라를 활용하기도 매우 용이합니다. 서울에서도 손꼽히는 수준의 인프라이며, 향후 영등포역 일대가 개발과 함께 더 완벽한 상권이 형성되지 않을까 싶습니다.

한 줄 평

이 정도로 가까우면 그냥 아크로타워스퀘어도 신여의도 시켜주면 안 되나요?

동작구

흑석 아크로리버하임
'한강'+'9호선'+'새 아파트', 성공적인 아파트의 황금 레시피!

흑석 아크로리버하임

        3장. 서울 대장 아파트 이야기

<동작구 이야기>
내가 바로 진정한 강남 4구! (Feat. 흑석 뉴타운)

'진짜 강남 4구는 동작구다'라는 이야기가 종종 나오는 곳, 바로 동작구입니다. 이유가 있습니다. 한강을 끼고 '용산'을 마주 보고 있으며, 현충원을 경계로 오른쪽에는 서초, 왼쪽에는 여의도로 대변되는 영등포를 이웃으로 두고 있는 곳이 바로 동작구입니다. 적어도 이웃으로만 친다면 대한민국에서 최고로 꼽히는 입지가 바로 동작구인 것이죠.

이런 훌륭한 이웃들에도 불구하고 동작구는 기본적으로 평지가 부족한 곳입니다. 애초에 정비가 쉽지 않으며 대규모 택지 공간을 지을 공간이 부족해 그동안 환골탈태가 쉽지 않은 곳이었습니다. 하지만 흑석 뉴타운을 시작으로 동작구는 커다란 변화를 시작했습니다. 2025년까지 총 1만 1,032세대에 달하는 규모로 완성되는 흑석 뉴타운은 변모하는 동작구의 대표적인 모습으로 자리 잡을 예정입니다.

서울에서도 성공적인 뉴타운 중 하나로 손꼽히는 곳이 바로 흑석 뉴타운입니다. 과거 서울에서는 대표적으로 낙후되었던 지역으로 유명했지만, 뉴타운으로 지정된 이후 성공적인 분양을 거듭하며 신흥 고급 주거지로 거듭나고 있습니다. 총 1만 1,000세대 규모 중 7,400세대, 11개 구역 중 6개 구역이 이미 준공을 마쳤거나 앞두고 있으며, 사업이 취소된 10구역을 제외한 1, 2, 11구역 역시 사업에 박차를 가하고 있어 머지않은 미래에 완성된 흑석 뉴타운을 볼 수 있을 예정입니다.

그리고 그곳에서 대장 아파트인 '흑석 아크로리버하임'이 아마 동작구의 미래를 살펴볼 수 있는 가장 좋은 예가 될 듯싶습니다.

<숫자로 보는 흑석 아크로리버하임>
현존 흑석 뉴타운 최대 규모의 대단지 아파트!

세대수	총 1,073세대
건설사	대림건설
준공일	2018년 11월
2018년 실거래 최고가 (전용면적 84㎡ 기준)	국토교통부 실거래가 등재 내역 없음
KB시세(하위평균가/일반평균가/상위평균가) (전용면적 84㎡)	14억 7,500만 원/16억 원/17억 원 (2019년 3월 마지막 주)

'흑석 아크로리버하임'의 경우 흑석 뉴타운 중에서도 단연 최고의 입지로 꼽힙니다. 가장 큰 이유는 완벽한 프리미엄으로 자리 잡

은 한강 조망권과 황금 노선인 9호선 접근성 때문입니다. 그 입지와 걸맞게 대림산업 역시 프리미엄 브랜드를 사용했습니다.

숫자로 보여주는 전반적인 내용은 훌륭합니다.

이미 평당 4,000만 원을 훌쩍 넘어간 1,073세대로 1,000세대 이상의 대단지 아파트입니다. 흑석 뉴타운 전체에서도 매우 귀한 1,000세대 이상의 대단지 아파트입니다. 흑석 자이와 롯데 시그니처캐슬이 입주하기 전까지는 흑석동 전체에서 가장 큰 규모의 대단지 아파트로 일대의 시세를 견인할 예정입니다.

구역	건설사	아파트명	세대수	준공일
1구역		추진위원회 승인		
2구역		추진위원회 승인		
3구역	GS건설	흑석 자이	1,772	2022년 초
4구역	대우건설	흑석 한강푸르지오	863	2012년 8월
5구역	동부건설	흑석 한강센트레빌1차	655	2011년 9월
6구역	동부건설	흑석 한강센트레빌2차	963	2012년 12월
7구역	대림건설	흑석 아크로리버하임	1,073	2018년 11월
8구역	롯데건설	롯데캐슬에듀포레	545	2018년 10월
9구역	롯데건설	롯데시그니처캐슬	1,536	미정
10구역		사업 취소		
11구역		조합설립인가		

흑석 뉴타운의 현황

\<입지\>

필승 입지 요소(한강+9호선)와
필승 이웃들을(용산, 여의도, 반포) 모두 가진 곳

현 동작구 시세를 이끄는 흑석 뉴타운의 대장 아파트입니다. '흑석 아크로리버하임' 하면 '한강', '9호선'이 떠오릅니다. 황금 교통(9호선)과 한강 프리미엄이 중요함을 단적으로 보여줍니다. 지도를 살펴보겠습니다.

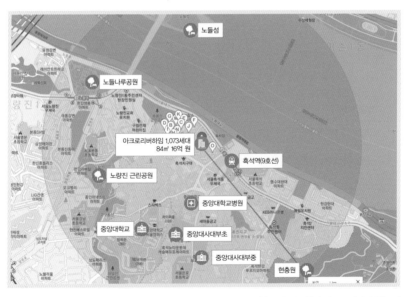

한눈에 보는 흑석 아크로리버하임(1km)

교통 : 흑석역(9호선)

환경 : 한강 조망권, 현충원, 노량진 근린공원, 노들섬, 노들나루
　　　 공원

인프라 : 중앙대학교, 중앙대학교병원

가장 눈에 띄는 장점은 역시 9호선입니다. 과거 교통의 불모지로 훌륭한 입지에도 불구하고 외부 접근성이 좋지 않았던 곳이 9호선을 통해 단숨에 최고의 교통 요지로 거듭나게 되었습니다. 여의도와 강남의 중간에 위치해 양측 모두 쉽게 접근할 수 있는 최고의 입지를 갖추었습니다.

특장점으로 역시 한강 프리미엄이 있습니다. 전체 흑석 뉴타운 중 제대로 된 한강 뷰를 가진 아파트는 '흑석 아크로리버하임'이 유일합니다. 입지 요소 중 시세에 가장 큰 영향을 줄 수 있는 두 가지 요인이 합쳐져서 해당 아파트의 가치를 극대화했습니다.

현충원으로 대표되는 녹지 역시 좋습니다. 중앙대 일대의 대학가 인프라는 덤입니다. 여기에 1군 건설사의 프리미엄 브랜드가 더해져 상품성을 극대화했습니다. 가격 상승에 필요한 레시피만 딱딱 골라서 넣은 느낌입니다.

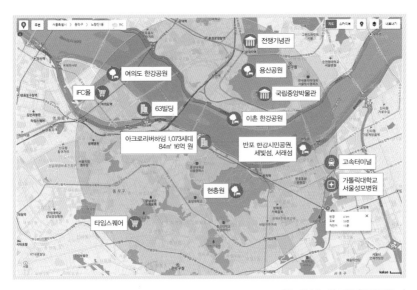

　앞서 언급한 동작구의 힘이 보입니다. 사방에 자리 잡은 이웃이 매우 훌륭합니다. 한강을 마주 보고 있는 동네는 무려 대한민국 대표 부촌 중 하나인 용산구 동부이촌동, 오른쪽으로는 반포, 그리고 오른쪽으로는 여의도를 끼고 있습니다. 한마디로 대한민국에서도 손꼽히는 부촌인 용산, 여의도, 반포의 가운데에 있는 입지입니다. 물리적인 거리가 4㎞ 내외이기에 배후 수요지로써 시세의 영향을 받을 수 있습니다. 특히 여의도와 반포는 9호선을 이용할 경우 10분 내외 접근성을 확보했습니다. '친구 따라 강남 간다'라는 격언은 부동산에서도 통하는 말입니다. 최고의 부촌을 옆에 두고 함께 성장하지 않는 부동산은 없습니다. 최고의 부촌을 이웃으로 둔 것이 흑석

　　　　　　　　　　　　　　3장. 서울 대장 아파트 이야기

뉴타운과 그중 대장 아파트인 '흑석 아크로리버하임'이 가진 가장 큰 입지적인 장점입니다.

종합적으로 살펴보았을 때 '흑석 아크로리버하임'은 9호선과 한강의 힘을 넘어 여의도와 반포를 이어주는 가교인 동시에 용산과 한강을 앞에 두고 겸상하는 아파트인 것입니다.

\<교통 및 직주근접\>
니들은 나 없으면 어쩔 뻔했냐?(Feat.9호선)

2018년도 하반기에 나온 〈박화영〉이라는 영화에는 다음과 같은 대사가 나옵니다.

'니들은 나 없으면 어쩔 뻔했냐?'

부동산에서 이 대사가 가장 잘 어울리는 것은 아마도 흑석 뉴타운의 9호선이 아닐까 싶습니다. 9호선 하나로 교통의 불모지에서 단번에 강남과 여의도의 가교로 변신했습니다. 동네 전체를 이끄는 9호선의 힘입니다. 또한 '흑석 아크로리버하임'은 해당 흑석역(9호선) 초역세권입니다. 도보 3분대로 접근이 가능합니다.

지역	지하철역	소요시간 (분)	환승 횟수	최단 경로
강남 · 서초	❷강남역	21	2	❾흑석역 → ❸고속터미널역 → ❷교대역 → ❷강남역
	❾봉은사역	23	0	❾흑석역 → ❾봉은사역
	❸양재역	21	1	❾흑석역 → ❸고속터미널역 → ❸양재역
종로 · 중구	❺광화문역	23	1	❾흑석역 → ❺여의도역 → ❺광화문역
	❶종로3가역	23	1	❾흑석역 → ❶노량진역 → ❶종로3가역
	❶종각역	21	1	❾흑석역 → ❶노량진역 → ❶종각역
	❷을지로입구역	23	2	❾흑석역 → ❶노량진역 → ❷시청역 → ❷을지로입구역
	❶시청역	19	1	❾흑석역 → ❶노량진역 → ❶시청역
여의도	❺여의도역	11	0	❾흑석역 → ❺여의도역

주요 직장지와의 접근성은 다음과 같습니다.

가장 접근성이 좋은 곳은 여의도입니다. 환승 없이 11분입니다. 서울 전체를 따지더라도 손꼽히는 매력적인 조건입니다. 예상한 대로 강남 역시 최대 24분 내외의 시간이 소요됩니다. 의외로 종로, 광화문 일대의 접근성 역시 나쁘지 않습니다. 최대 25분 정도 소요되는 거리입니다. 한마디로 3대 직장지 접근성이 모두 30분 내외로 확보된다는 의미입니다.

다시 한번 느끼게 되는 9호선의 힘입니다.

<교육>
가야 할 길이 먼 학군, 고등학교 설립이 가장 급하다!

입지 요소 중 가장 개선이 필요한 부분입니다. 기본적으로 초등
학교, 중학교를 품고 있는 아파트는 아닙니다. 그리고 가장 큰 문제
점은 무엇보다도 인근에 고등학교가 없다는 점입니다. 향후 흑석동
에 고등학교 설립이 예정되어 있다고 한 만큼 빠른 시간 내에 반드
시 개선이 필요한 부분입니다. 학원가의 경우 반포 접근성이 워낙
좋은 만큼 반포 학원가 일대의 수혜를 받을 수 있습니다.

가장 인근에 있는 동양중, 중앙대사대부중의 특목고 진학률을 살
펴보겠습니다.

동양중

년도	졸업자수	과학고	외고·국제고	자율형사립고	특목고 진학명수
2016	182	3	5	41	49
2017	141	2	2	28	32
2018	151	1	1	37	39

중앙대사대부중

년도	졸업자수	과학고	외고·국제고	자율형사립고	특목고 진학명수
2016	324	2	6	35	43
2017	298	1	8	37	46
2018	234	1	7	22	30

현 시점의 학군은 발전할 여지가 많아 보입니다. 단기간에 균질성을 확보받는 뉴타운의 특성과 그리고 반포의 교육 인프라를 손쉽게 사용할 수 있다는 점 때문입니다. 뉴타운의 완성과 함께 학군이 어떻게 성장하는지를 보는 것이 해당 아파트의 주요 관전 포인트일 듯싶습니다.

\<환경\>
한강 조망권과 현충원이라는 강력한 원투 펀치

굵직한 두 가지가 있습니다. 바로 현충원과 한강입니다. 이 두 가지만으로도 서울 내에서 손꼽히는 환경입니다.

가장 차별화 되는 부분은 역시나 한강 조망권입니다. 모든 세대는 아니지만, 한강 쪽에 접해 있는 동의 경우 한강 조망이 가능합니다. 한강 조망이 최근 고급 아파트의 필수 프리미엄으로 자리 잡았기에 '흑석 아크로리버하임'은 그 수혜를 그대로 볼 수 있습니다.

이외에도 집 근처에 공원이 차고 넘칩니다. 집 앞 효사정공원, 노량진 근린공원, 용봉정 근린공원, 노들나루공원, 사육신공원 등 도보 3분부터 20분 거리까지 취향에 따라서 이용할 수 있는 공원들이 요소요소에 있습니다.

전반적으로 훌륭한 환경을 갖춘 곳임에는 틀림없습니다.

<인프라>
자체적인 인프라는 낙제점, 이웃들의 인프라 활용 시 합격점

도보권에 이용할 수 있는 인프라가 아직은 제한적입니다. 완성 시 1만 세대 이상의 뉴타운임에도 필수 인프라라고 할 수 있는 대형 마트 또는 백화점이 없습니다. 부지가 제한적인 만큼 앞으로도 걸어서 접근할 수 있는 대형 마트나 백화점이 들어올 가능성은 낮아 보입니다.

하지만 대중교통 및 차량 이용 시 인근 이웃들의 인프라를 활용할 수 있는 여지가 많습니다. 노량진 수산시장이 지하철 한 정거장 내에 있으며, 여의도 접근성이 뛰어난 만큼 해당 지역의 생활편의시설과 문화복합시설을 골라서 이용할 수 있는 환경이 조성되어 있습니다. 또한 한강대교를 건너 용산역 일대의 이마트, 아이파크 쇼핑몰 등을 이용할 수 있습니다.

병원은 중앙대학교병원이 도보 5분 거리에 있습니다. 특별한 인프라가 들어오기 힘든 흑석동 지형에서 중앙대학교와 중앙대학교병원은 가뭄의 단비 같은 인프라입니다.

종합적으로 살펴보았을 때 자체적으로는 다소 부족한 감이 있지만, 훌륭한 이웃들 덕분에 크게 부족함이 없는 인프라를 누릴 수 있다는 특성이 있습니다.

한 줄 평

9호선, 한강, 새 아파트라는 서울 부동산의 필승공식을 갖춘 곳!

경희궁 자이
강북의 대장, 과거의 왕궁이
현재의 왕궁과 만났을 때

경희궁 자이

<종로구 이야기>
조선시대부터 이어진 직주근접의 원조

서울시의 중심부에 위치한 종로구는 경복궁, 경희궁, 창경궁, 창덕궁이 자리한 왕이 살던 곳인 동시에, 조선시대 궁궐을 출입해야 했던 당시 고위 관직자인 양반들의 주요 주거지였습니다. 한마디로 조선시대부터 '직주근접'의 원조였던 곳입니다.

몇백 년에 달하는 직주근접의 역사를 가지고 있었던 곳답게 서울에서 역시 가장 먼저 개발된 곳이며, 과거부터 단 한 번도 땅값이 싼 적이 없었던 곳입니다. 현재는 대한민국을 대표하는 대기업들의 본사가 자리 잡은 곳이자, 정부 기관이 밀집한 행정 중심지이기도 합니다.

하지만 주거지로써 종로구에 대해서는 오랫동안 물음표가 달려있었습니다. 주로 기업들과 상권으로 배치가 되어 있는 태생적인 한계로 대규모 주거시설 공급이 쉽지 않았기 때문입니다. 그렇기에 종로구에서 대규모 주거시설은 그 어느 곳보다도 '희소성'을 지니고 있는 특징이 있습니다. 바로 이번에 소개해드릴 '경희궁 자이'는 주거시설이 귀하디귀한 종로구의 대장 아파트입니다.

<숫자로 보는 경희궁 자이>
종로구 유일무이한 대단지 새 아파트

세대수	총 2,415세대
건설사	GS건설
준공일	2017년 2월(2단지, 3단지) 2017년 6월(4단지)
2018년 실거래 최고가 (전용면적 84㎡ 기준)	16억 원(2018년 9월 거래)
KB시세(하위평균가/일반평균가/상위평균가) (전용면적 84㎡)	14억 원/14억 5,000만 원/15억 원 (2019년 3월 마지막 주)

　'경희궁 자이'에서 가장 크게 의미를 가지고 보아야 하는 부분은 바로 세대수입니다. 종로구 유일무이한 1,000세대 이상의 대단지이자 새 아파트이기 때문입니다. 경희궁 자이의 경우 총 2,415세대로 현재 종로구에서 연식에 무관하게 유일하게 1,000세대가 넘는 대단지 아파트입니다. 향후 재개발·재건축을 할 수 있는 부지가 사실상 전무하기에 처음이자 마지막인 대단지 새 아파트로 시간이 지날수록 희소성이 극대화될 가능성 높습니다. 한마디로 종로구 최대 단지의 아파트인 동시에 최초이자 최후의 1,000세대 이상의 대단지 아파트입니다.

　또한 대한민국에서 가장 이름을 잘 지은 아파트 중 하나입니다. 경희궁이라는 이름에 대표 1군 건설사 중 하나인 자이의 브랜드를 입혀 고급스러움을 극대화했습니다. 마치 과거의 왕궁과 현재의 왕궁이 만나는 듯한 이미지로 완벽한 브랜딩을 완성했습니다.

이런 '경희궁 자이'도 시작은 미분양이었습니다. 지금은 이해할 수 없는 사실이지만, 당시만 해도 고분양가 논란으로 6개월이나 미분양 상태로 미운 오리새끼 취급을 받았습니다. 그리고 2년 후 정확히 '경희궁 자이'는 미분양의 대명사에서 강북 최초로 평당 4,000만 원의 시대를 여는 강북 대장 아파트로 자리 잡게 되었습니다. 완벽한 왕의 귀환입니다.

<입지>
지금까지도 없었고 앞으로도 없을 입지, 진정한 궁세권

본래 왕이 살던 입지입니다. '왕세권(왕의 세력권)' 또는 '궁세권(4대궁 세력권)'이라는 말로 표현이 가능합니다. 왕이 살던 곳을 중심으로 동서남북 교통이 계획되었던 한성이기에 사통팔달의 입지입니다. 단지의 중심인 2단지를 중심으로 1km 내외 반경과 4km 내외의 반경으로 해당 입지를 살펴보도록 하겠습니다.

한눈에 보는 경희궁 자이(1km)

1km 내외로 보았을 때 대략적인 입지 요소는 다음과 같습니다.

교통 : 독립문역(3호선), 서대문역(5호선)

역사 관련 인프라 : 경희궁, 덕수궁, 경복궁, 서대문 형무소 역사관

문화 관련 인프라 : 세종문화회관, 정동길, 국립현대미술관

병원 관련 인프라 : 서울적십자병원, 강북삼성병원

걸어서 접근 가능한 것들이 남다릅니다. 하나하나 누구나 알고 있는 전국구 명성의 인프라입니다.

특히 경희궁은 뒷마당처럼 드나들 수 있는 위치이며, 덕수궁 역시 도보 접근이 가능한 위치입니다. 그야말로 현재와 과거를 넘나들

수 있는 곳이라고 할 수 있습니다.

강북삼성병원과 서울적십자병원의 접근성 역시 최고 수준입니다. 아파트에서 도보로 손쉽게 갈 수 있는 수준입니다. 전체적으로 역사, 문화, 예술과 관련된 인프라가 전국에서도 최상급으로 오로지 '경희궁 자이'만이 가질 수 있는 독보적인 분위기를 형성하고 있습니다.

조금 더 지도를 넓게 보아 4㎞ 내외의 입지를 살펴보도록 하겠습니다.

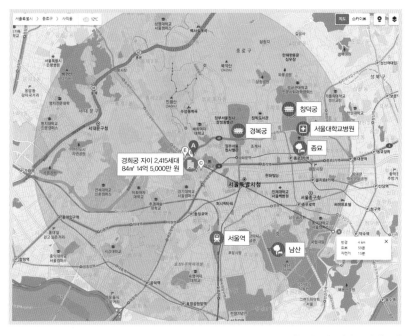

한눈에 보는 경희궁 자이(4km)

4㎞ 내외로 보았을 때 해당 아파트의 성격이 더욱 명확해집니다.

도심의 정중앙으로써 종로, 광화문 일대를 모두 포함하는 위치입니다. 그 어떤 곳보다도 도심지를 위한 위치임을 알 수 있습니다.

종합적으로 보았을 때 '지금까지도 없었고 앞으로도 없을 입지'가 '경희궁 자이'를 표현할 수 있는 가장 적합한 말로 보입니다.

<교통 및 직주근접>
걸어서 종로 출근이 가능한 유일무이한 대단지 신축 아파트

종로, 광화문 일대 직주근접에 있어서 만큼은 대한민국 최고의 아파트입니다. 종로 일대의 도보로 출퇴근이 가능한 유일무이한 일대 대단지 신축 아파트입니다.

아파트 단지에서 광화문, 종각, 을지로입구역 모두가 반경 2㎞ 내외로 들어오는 위치로 대략 도보 30분 이내의 거리입니다. 종로 일대의 경우 여의도, 강남과는 달리 애초에 인근 2~3㎞ 내에 대형 아파트 단지가 들어올 곳이 아예 없습니다. 따라서 유일무이하게 도보로 출퇴근이 가능한 광화문, 종로 일대의 대단지 신축 아파트로 직장인들의 꿈의 아파트일 수밖에 없습니다.

그뿐만이 아닙니다. 독립문역(3호선)과 서대문역(5호선)이 도보 10분 내외로 이용이 가능한 더블 역세권입니다.

두 역을 통한 주요 직장과의 소요 시간을 살펴본 결과는 다음과 같습니다.

지역	지하철역	소요시간 (분)	환승 횟수	최단 경로
강남 · 서초	❷강남역	32	1	❸독립문역 → ❷교대역 → ❷강남역
	❷삼성역	37	1	❸독립문역 → ❷교대역 → ❷삼성역
	❸양재역	32	0	❸독립문역 → ❸양재역
종로 · 중구	❺광화문역	2	0	❺서대문역 → ❺광화문역
	❺종로3가역	4	0	❺서대문역 → ❺종로3가
	❶종각역	13	1	❺서대문역 → ❶종로3가역 → ❶종각역 ❸독립문역 → ❶종로3가역 → ❶종각역
	❷을지로입구역	10	1	❺서대문역 → ❷충정로역 → ❷을지로입구역
	❷시청역	8	1	❺서대문역 → ❷충정로역 → ❷시청역
여의도	❺여의도역	11	0	❺서대문역 → ❺여의도역

해당 아파트의 가치가 제대로 나타납니다. 종로 일대는 평균 10분 이내의 시간이 소요됩니다. 특히 광화문역 같은 경우 단 한 정거장이고, 도보로 이동이 가능한 수준입니다. 여의도는 서대문역에서 환승 없이 11분 소요됩니다. 종로 일대와 여의도 일대의 소요시간이 15분 이내로 모두 해결되는 수준입니다.

강남 지역도 한 번의 환승으로 40분 이내로 해결 가능한 수준입니다.

역시 핵심가치는 압도적인 종로, 여의도까지의 직주근접 가치입니다. 직주근접에 완벽하게 부합하는 아파트로 볼 수 있습니다.

　　　　　　　　　　3장. 서울 대장 아파트 이야기

<교육>

시간이 필요한 학군

기본적으로 초품아는 아닙니다. 단지에 따라 1, 2, 4단지의 경우 독립문 초등학교, 그리고 3단지의 경우 덕수 초등학교로 진학하게 됩니다. 초등학생 자녀의 통학이 중요한 학부모에게는 다소 불편할 수 있는 부분입니다.

인근 중학교를 살펴보겠습니다. 인근 중학교로는 대신중, 청운중, 배화여중, 상명여중 등이 있습니다. 2018년도의 특목고, 자사고 진학률을 살펴보도록 하겠습니다.

대신중

년도	졸업자수	과학고	외고·국제고	자율형사립고	특목고 진학명수
2016	177	1	0	21	22
2017	157	1	1	24	26
2018	135	1	1	18	20

청운중

년도	졸업자수	과학고	외고·국제고	자율형사립고	특목고 진학명수
2016	223	4	4	34	42
2017	187	2	2	50	54
2018	148	2	3	46	51

배화여중

년도	졸업자수	과학고	외고·국제고	자율형사립고	특목고 진학명수
2016	188	0	8	21	29
2017	168	0	6	21	27
2018	167	0	9	23	32

상명여중

년도	졸업자수	과학고	외고·국제고	자율형사립고	특목고 진학명수
2016	145	0	1	19	20
2017	132	1	6	11	18
2018	84	1	6	10	17

네 학교 중에서는 청운중학교가 가장 두드러지는 성적을 보입니다. 네 학교 모두 강북 최고의 아파트임에도 불구하고, 학군에서는 다소 아쉬운 성적을 보이고 있습니다. 학군에서 강북 랜드마크의 위상을 갖추기에는 시간이 필요할 것으로 보입니다.

<환경>
왕이 살던 곳이니 풍수지리야 으뜸이 아니겠소이까?

종로구는 조선시대 왕과 고위 관료들이 살던 곳으로 동쪽에는 낙산, 서쪽에는 인왕산이 종로구를 감싸고 청계천이 있어 풍수지리적으로 단연 으뜸인 곳입니다. 종묘에서 창덕궁까지 숲을 형성하고 있어 환경적인 부분도 놓치지 않는 종로구입니다. 왕과 고위 관료들이 살았던 곳이기에 당연히 환경을 놓칠 리가 없습니다.

덕분에 기본적으로 산책하며, 보고, 느끼고, 즐길 거리가 많이 있습니다. 단지 뒤쪽으로 월암근린공원이 있으며, 도보권에 서대문독립공원도 있습니다.

단지 뒤쪽으로 바로 연결되어 있는 한성도성 둘레길. 인왕산 산책로와도 연계되어 있다

그뿐만 아니라 한양도성 둘레길을 따라 인왕산 등산도 가능하며, 맞은편 안산, 북악산 등 명산에 둘러싸여 있고, 강북삼성병원 맞은편 정동길, 덕수궁길 등 산책할 곳은 무궁무진합니다.

<인프라>
4대 궁을 우리 집 앞마당처럼

역사, 문화 관련 인프라가 차고 넘칩니다.

전국 유일무이의 쿼드러플 궁세권입니다. 경희궁, 경복궁, 덕수궁, 창덕궁, 이 4대 궁을 도보로 갈 수 있습니다.

경희궁 자이 단지 뒤쪽에 자리잡은 돈의문 박물관 마을

특히 경희궁은 도보 5분 내로 접근이 가능합니다. 또한 단지 뒤쪽으로 돈의문 박물관 마을이 조성되고 있습니다. 일대가 역사 유적지로 새롭게 탈바꿈하고 있습니다.

그뿐만 아니라 도보권 및 지하철 10분 내외의 거리에 서울시립미술관, 인왕산, 서울 성곽길, 사직공원, 안산, 세종문화회관 등 전국구의 명성을 떨치고 있는 문화, 예술 관련 인프라가 차고 넘칩니다.

또한 스위스 대사관을 품고 있는 아파트입니다. 대사관 자체가 입지적인 요인이라고 할 수는 없지만, 대사관의 위치로 선정이 될 만큼 좋은 입지임을 간접적이나마 살펴볼 수 있습니다.

단지가 품고 있는 스위스 대사관. 전국 유일무이한 대품애(대사관을 품고 있는 아파트)다

누군가는 시간을 들여서 찾아오는 곳을 집 앞 마트를 가듯이 도보로 즐길 수 있다는 측면은 '경희궁 자이'만이 가질 수 있는 독특한 장점이라고 할 수 있습니다.

병원 인프라도 최고 수준입니다. 강북삼성병원, 서울적십자병원, 세브란스병원, 서울대학교병원이 모두 인근에 있습니다. 특히 강북삼성병원과 서울적십자병원은 '경희궁 자이' 전속 병원이라고 무방할 정도로 가깝습니다. 대한민국 최고의 의료 인프라를 도보권으로 누릴 수 있는 것이죠.

삶의 질을 논할 때 문화, 예술과 더불어 건강 인프라가 최고 수준인 곳입니다. 보고 즐기기에 24시간이 모자란 곳이라 즐거운 삶을 누리기에 부족함 없는 곳으로 보입니다.

한 줄 평

왕이 살던 곳에 강북의 왕으로 돌아왔다. 더블 역세권과 쿼드러플 궁세권의 하모니!

서울역 센트럴자이
진정한 센트럴은 나만 쓸 수 있다

서울역 센트럴자이

3장. 서울 대장 아파트 이야기

<중구 이야기>
서울 25개 구의 진정한 센터는 나야 나!

'중심'이 가지는 의미는 단순히 상징성에서만 그치지 않습니다. 삼국지에서 제갈량이 그토록 중원을 차지하려 한 것과, 〈프로듀스 101〉에서 수많은 연습생이 센터를 차지하려 했던 이유는 바로 센터가 가지는 상징적이고, 실용적인 의미 때문입니다. 많은 아파트가 실제 여부와 상관없이 '가운데'의 의미인 '센트럴'을 선점하려는 이유도 바로 센터가 가지고 있는 상징성과 실용성 때문입니다.

그런 의미에서 중구는 진정한 의미에서 '서울의 중심'이라고 부를 수 있습니다. 서울 25개 구의 정중앙에 위치해 심장의 역할을 하고 있으며, 정치, 경제, 역사, 환경적으로 대한민국을 상징하는 요소를 모두 가진 곳입니다.

정치적으로는 서울특별시의 행정을 총괄하는 서울시청이 있으며, 경제적으로는 대한민국에서 가장 많은 대기업 본사가 위치한 곳입니다. 역사적으로는 덕수궁, 대한문, 숭례문과 같은 조선시대의 자취를 고스란히 보존하고 있습니다. 명동성당, 조선호텔, 한국은행과 같이 근현대사를 상징하는 건물들 역시 중구에 있습니다. 그뿐만 아니라 서울 관광의 핵심지인 명동, 서울 교통망의 역사 그 자체인 서울역, 그리고 서울을 상징하는 산과 천인 남산과 청계천 등 중구를 상징하는 것이 서울시를 상징하는 것이라고 보아도 과언이 아닙니다.

중구가 서울의 중심인 것은 공시지가를 통해서도 살펴볼 수 있습니다. 현재 중구 명동 8길에 있는 네이처리퍼블릭의 경우 2018년도 기준 공시가격이 1㎡당 1억 8,300만 원으로 16년째 대한민국에서 가장 비싼 땅입니다.

하지만 서울의 중심지임에도 불구하고 개발이 극도로 제한되었기 때문에 그간 중구는 개발에서는 다소 소외되어 있었습니다. 특히 양질의 주거지가 부족하다는 측면에서 중구는 살기 위한 곳보다는 업무, 상업을 위한 곳이라는 이미지가 강한 곳이었습니다.

그렇기에 중구에서 대규모 새 아파트는 특별합니다. 지금까지도 많지 않았고, 앞으로도 제한적으로 공급이 될 수밖에 없는 한정판 상품이기 때문입니다.

이번에 함께 이야기를 나눌 대장 아파트는 바로 '중구'에서 귀하디귀한 새 아파트 '서울역 센트럴자이'입니다. 중구 유일의 대규모 아파트로써 큰 의미가 있는 이곳에 대해 살펴보도록 하겠습니다.

\<숫자로 보는 서울역 센트럴자이\>
중구의 유일무이한 대단지 새 아파트

'서울역 센트럴자이'는 중구 유일의 10년 이내 신축이자 1,000세대 대단지 아파트라는 데서 그 핵심가치가 있습니다.

세부적으로 살펴보면 다음과 같습니다.

세대수	총 1,341세대
건설사	GS건설
준공일	2017년 8월
2018년 실거래 최고가 (전용면적 84㎡ 기준)	거래 없음
KB시세(하위평균가/일반평균가/상위평균가) (전용면적 84㎡)	12억 원/12억 5,000만 원/13억 1,000만 원 (2019년 3월 마지막 주)

도심권인 중구에서 '유일무이한' 무려 1,341세대의 대단지 새 아파트이며, 1군 건설사인 GS건설에서 건설한 아파트입니다.

한동안은 대체제도 없습니다. 중구의 대장 아파트이자 거주지로써 중구의 가능성 역시 엿볼 수 있는 좋은 곳입니다. 자세히 살펴보겠습니다.

<입지>
최고의 교통 호재가 가득한 '서울역 효과'를 볼 수 있는 유일한 아파트 입지

'서울역 센트럴자이'는 이름에서도 가장 큰 입지적 요인을 살펴볼 수 있습니다. 바로 서울시 교통의 역사 그 자체인 '서울역' 역세권입니다. 확실히 다른 역세권과는 궤를 달리하는 상징성과 의미가 있습니다.

1㎞ 내외의 주요 입지 요소를 살펴보도록 하겠습니다.

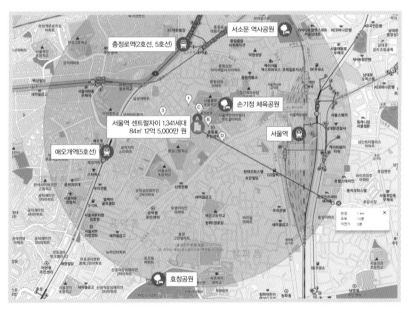

한눈에 보는 서울역 센트럴자이(1km)

3장. 서울 대장 아파트 이야기

교통 : 서울역, 충정로역(2호선, 5호선) 역세권(도보 10~15분 소요)
환경 : 손기정 체육공원, 서소문 역사공원

도보권에 해당하는 1㎞ 내 반경의 핵심 입지 요소는 역시 서울역입니다. 서울역까지는 대략 도보로 10분 정도 소요가 되지만, 서울역 자체의 규모가 워낙 커 역까지의 접근성은 도보 15분 정도로 보는 것이 좋습니다. 완벽한 역세권으로 보기는 어렵지만 1,000세대 이상 아파트 중 유일하게 도보권으로 서울역 접근이 가능한 아파트라는 측면에서 '서울역 센트럴자이'가 가진 입지의 힘을 볼 수 있습니다.

서울역은 단순히 서울시 교통의 상징을 넘어 중구 최대의 개발 호재라는 측면에서 살펴볼 필요성이 있습니다.

시세와 직접적으로 연관성을 가지고 있는 최고의 호재인 교통 호재가 서울역을 중심으로 끝도 없이 이어져 있습니다. 기본적으로 1호선, 4호선, 경의·중앙선, 공항철도, KTX가 연결되어 있는 현재 서울역에 GTX-A·B 노선, 신분당선, 신안산선이 계획되어 있습니다. 이 경우 역사와 전통을 함께하는 대한민국 최고의 교통 요지 중 하나로 자리 잡게 될 예정입니다.

대형 프로젝트인 만큼 많은 시간이 소요될 것으로 예상됩니다. 하지만 철도 교통이 사업 확정 → 착공 → 완공에 각각 시세가 상승하는 효과를 본다는 것을 가정하면 향후 20년 동안은 지속적인 개발 호재 특수를 누린다고 보아도 무방합니다. 서울 전체를 뒤져 보아도 삼성동 정도가 유일하게 비견할 수 있는 예입니다. 그리고 서울역의 이러한 호재는 일대 유일한 대단지 아파트인 '서울역 센트럴자이'가 볼 것이 분명합니다.

4㎞ 반경을 살펴보겠습니다.

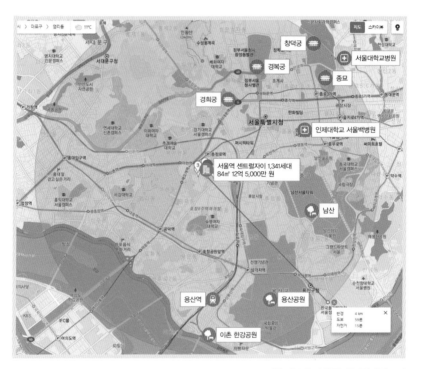

한눈에 보는 서울역 센트럴자이(4km)

직주근접에 탁월한 입지임을 살펴볼 수 있습니다.

먼저 북쪽으로는 종로구 일대를 4㎞ 반경으로 모두 품고 있습니다. 중구 – 종로구로 이어지는 주요 직장지와의 직주근접에 있어서는 최고 수준의 입지입니다. 남쪽으로는 서울시 최고의 잠용인 용산구와 인접해 있습니다. 향후 용산 개발의 직간접적 영향을 받을 수 있는 입지입니다. 남서쪽으로는 여의도 접근성도 잡았습니다. 4㎞에 거의 근접해 있는 거리로 5호선을 통한 접근성이 탁월할 것으로 보입니다.

<교통 및 직주근접>
강북 최고의 교통 허브로 거듭날 곳

기본적으로 서울역, 충정로역, 애오개역 등의 교통을 사용할 수 있지만, 다소 애매한 역세권으로 분류가 됩니다. 서울역, 충정로역, 애오개역까지 대략 도보 10~15분이 소요되어 주요 직장지까지 추가적인 시간을 고려해야 하는 곳입니다.

주요 직장지와의 접근성을 살펴보겠습니다.

지역	지하철역	소요시간 (분)	환승 횟수	최단 경로
강남 · 서초	❷강남역	28	1	❹서울역 → ❷사당역 → ❷강남역
	❷삼성역	33	1	❹서울역 → ❷사당역 → ❷삼성역
	❸양재역	32	1	❷충정로역 → ❸을지로3가역 →❸양재역
종로 · 중구	❺광화문역	4	0	❺충정로역 → ❺광화문역
	❶종로3가역	7	0	❶서울역 → ❶종로3가역
	❶종각역	5	0	❶서울역 → ❶종각역
	❷을지로입구역	4	0	❷충정로역 → ❷을지로입구역
	❷시청역	2	0	❷충정로역→ ❷시청역
여의도	❺여의도역	10	0	❺충정로역 → ❺여의도역

역시 종로 일대와 여의도의 접근성이 최상입니다.

집에서 역까지 걸어가는 시간을 고려하더라도 대부분 20분 이내로 접근이 가능합니다. 특히 종로, 여의도 일대는 환승 없이 출퇴근할 수 있는 장점이 있습니다.

강남 접근성까지 잡았다고 보기는 힘든 점이 있습니다. 평균 30분 정도가 소요됩니다. 현 시점에서 강남 직주근접을 위한 아파트는 아닙니다.

하지만 강남 접근성까지 해결해줄 호재 기다리고 있다는 측면은 고무적입니다. 강남 접근성을 일거에 해결할 신분당선과 GTX-A노선이 서울역에 예정되어 있습니다.

GTX-A노선 완공 시 삼성역까지 한 정거장으로 강남 접근성 역시 10분대에 해결됩니다. GTX-A노선이 2023년 완공을 목표로 하

3장. 서울 대장 아파트 이야기

는 만큼 3대 직장지가 10분대에 해결되는 꿈의 직주근접을 갖추는
데는 그리 오랜 시간이 걸리지 않을 것으로 보입니다.

<교육>
초·중·고 모두 걸어서 3분 거리, 그러나 부족한 중학교 학군

초등학교, 중학교, 고등학교가 모두 단지 내에 인접해 있습니다.
단지 내에 있는 것은 아니지만 봉래초, 환일중, 환일고가 모두 도보
3분 거리로 매우 가깝습니다.
가장 근접한 환일중의 지난 3년간 특목고 진학을 통해 대략적인
학군을 살펴보도록 하겠습니다.

환일중

년도	졸업자수	과학고	외고·국제고	자율형사립고	특목고 진학명수
2016	75	0	0	2	2
2017	76	1	0	7	8
2018	64	0	0	1	1

졸업자 수가 100명도 되지 않고 특목고 진학 성적도 좋지 않습니
다. 일대에 대규모 아파트 단지가 단기간에 들어오기 힘든 점을 고

려하면, 한동안 학군이 개선될 만한 요소가 많지 않은 점이 가장 큰 약점입니다.

학원 역시 이렇다 할 학원가는 없습니다. 가장 가까운 거리로는 마포 학원가 일대가 있어서 대안이 되어줄 수 있을 것으로 보입니다.

<환경>
남산과 용산 가족공원이 인접한 최고의 환경

녹지가 훌륭합니다. 직선거리 1.5㎞에 남산이 있어 접근성이 뛰어납니다. 서울을 상징하는 산 중 하나인 남산공원을 활용할 수 있다는 것은 자랑할 만한 요소입니다.

서울역 센트럴자이에서 보이는 남산타워

또한 용산 가족공원 역시 직선거리 2㎞ 내외에 있습니다. 미래에 용산 가족공원이 개장할 경우 남산과 용산공원 중 어디를 가야 할지 행복한 고민을 할 수 있는 곳입니다.

그뿐만이 아닙니다. 기본적으로 단지 내의 조경이 훌륭합니다. 군데군데 남산타워가 보이는 전망을 확보하고 있는 곳으로 단지 내에서 충분한 산책을 할 수 있습니다. 또한 단지 옆으로 손기정 체육공원이라는 큰 녹지 공간이 있습니다. 마치 단지의 전용 체육공원처럼 연계성이 좋으며, 리모델링도 계획되어 있습니다. 또한 만리 배수지공원, 서소문 근린공원, 아래로 효창공원도 1.5㎞ 내외에 있으며, 서울역 인근 서울역 고가공원도 있습니다. 걷고 생활하기 충분한 녹지공간입니다.

<인프라>
차고 넘치는 문화, 역사, 쇼핑 관련 인프라!

아파트와 딱 붙어 있는 슬리퍼로 생활할 수 있는 인프라는 존재하지 않습니다. 하지만 중구의 대표 아파트답게 2㎞ 내외에 활용할 수 있는 인프라는 천지에 넘칩니다.

서울역(롯데마트, 롯데아울렛) : 660m

남대문 시장 : 1.36km,

명동 롯데백화점 본점 : 1.96km

신세계백화점 본점 : 1.67km

덕수궁 : 1.56km

경희궁 : 1.76km

세종문화회관 : 2.27km

강북삼성병원 : 1.57km

세브란스병원 : 2.14km

대한민국을 상징하는 수많은 인프라가 2km 내외로 모두 존재합니다. '센트럴'이라는 명칭에 대한 자격이 충분히 있는 곳임을 다시금 느낄 수 있는 인프라입니다.

한 줄 평

내가 진짜 원조 센트럴!

마포구

마포 래미안푸르지오
직주근접 아파트의 아이콘

마포 래미안푸르지오

\<마포구 이야기\>
갈 곳 없는 밤 전차의 종점에서 신흥 부촌으로!

'밤 깊은 마포종점. 갈 곳 없는 밤 전차.'

1960년 말에 나왔던 은방울 자매의 〈마포종점〉이라는 노래 가사의 첫 소절입니다. 1960년대 후반 공전의 히트를 쳤던 이 노래를 통해 우리는 50년 전 서울의 모습을 살펴볼 수 있습니다. 가사를 살펴보면 1960년도에도 강 건너 영등포에는 늦은 시간에도 불이 켜져 있는 번화가, 당인리에는 발전소 그리고 여의도는 비행장이 있었던 곳이었습니다. 그리고 첫 소절처럼 그 당시 마포는 전차의 종점인 것을 알 수 있습니다.

이처럼 마포는 조선시대에는 한강의 대표적인 나루터로, 그리고 1960년대에는 전차의 종점지로, 최근에 들어서는 수많은 지하철이 통과하는 과거와 현재를 막론하는 최고의 교통의 요지였습니다. 남쪽으로는 영등포구, 동쪽으로는 종로 일대와 접한 입지적인 요인이 마포를 최고의 교통 도시로 만들어준 것이죠.

하지만 교통의 요지인 데 반해 주거지로의 마포는 오랜 시간 동안 높은 점수를 받지 못했습니다. 비교적 가격이 낮은 주택이 밀집한 주거 지역 중 하나가 바로 마포였던 것이죠. 특히 지금으로서는 상상할 수 없는 일이지만, 1978년에 마포 상암동 일대는 높이가 100m에 달하는 쓰레기 산이 두 개나 있었습니다. 인근의 악취와 환경오염으로 서울시에서도 골칫덩어리 중 하나였던 곳이었습니다. 그런 곳이 2002년 월드컵의 시기와 맞물려 현재의 월드컵공원과 인근 디지털미디어시티로 탈바꿈했습니다. 이렇듯 마포의 변화는 극적이었습니다.

본래 교통의 요지였던 만큼 시간이 지나면서 교통 인프라 역시 차곡차곡 누적되어 발전해왔습니다. 특히 공덕역 일대의 경우 무려 4개 노선(5호선, 6호선, 경의중앙선, 공항철도)이 지나가는 쿼드러플 역세권으로 명실상부 서북권 교통의 선두주자로 자리매김합니다.

이러한 흐름과 함께 마포구는 주거지로써도 커다란 변화를 겪게 됩니다. 2000년대 초반부터 공덕역 일대를 중심으로 대량의 아파트 공급이 이루어지게 되어 일대가 새로운 아파트촌으로 변모합니다. 그리고 '마포 래미안푸르지오'라는 매머드급 대단지, 새 아파트가 자리를 잡기 시작한 것을 기점으로 이제는 강북에서도 신흥 부촌으로 꼽히는 마용성(마포, 용산, 성동)의 일원으로 자리 잡았습니다.

지금부터 이야기를 해볼 곳은 새로운 마포의 시대를 연 '마포 래미안푸르지오'입니다. 줄여서 '마래푸'라고 불리는 이 아파트는 서울 그 어떤 아파트보다 '직주근접'이라는 트렌드의 중요성을 가장 잘 보여주는 아파트입니다.

지금은 전용 59㎡가 훌쩍 10억 원을 넘어가는 가격이지만, 분양 당시만 하더라도 미분양으로 유명한 아파트였습니다. 당시 부동산

경기가 워낙 침체되어 있던 시기로 입주를 코앞에 두고서야 간신히 완판되었던 미운 오리새끼였습니다. 그리고 불과 5년의 기간 동안 미운 오리새끼는 직주근접이라는 시대의 키워드를 먹으며 무럭무럭 자라 마포 최고의 백조로 거듭나게 되었습니다. 최근 가장 큰 트렌드는 '직주근접'과 '새 아파트'라는 것을 '마래푸'를 통해 여실히 알 수 있습니다.

지금까지의 행보도 놀랍지만 앞으로가 더욱 기대되는 아파트 '마포 래미안푸르지오', 본격적으로 그 이야기를 나누어 보도록 하겠습니다.

<숫자로 보는 마포 래미안푸르지오>
강북 최대급 규모의 새 아파트!

세대수	총 3,885세대
건설사	삼성물산, 대우건설
준공일	2014년 9월
2018년 실거래 최고가 (전용면적 84㎡ 기준)	15억 6,000만 원(2단지 2018년 8월 거래)
KB시세(하위평균가/일반평균가/상위평균가) (전용면적 84㎡)	14억 8,000만 원/15억 원/15억 2,000만 원 (2019년 3월 마지막 주)

　　　　　　　　　　3장. 서울 대장 아파트 이야기

준공년도가 2014년도 9월인 10년 이내 새 아파트입니다. 삼성물산의 주관 아래 대우건설과 컨소시엄으로 합작한 아파트로 가장 눈에 띄는 숫자는 역시나 세대수입니다. 1,000세대 이상의 대단지 아파트가 귀한 마포구에서 총 3,885세대로 4,000세대에 육박하는 최대 규모의 대단지 아파트입니다. '마래푸'와 비슷한 규모의 아파트는 오로지 1986년에 준공한 성산 시영아파트 정도가 있으며, 1,000세대 이상의 아파트를 따지더라도 총 7개 단지 정도입니다. 그마저도 10년 이내의 신축이라고 볼 수 있는 아파트는 마포 래미안푸르지오, 공덕 자이, 상암 월드컵파크 9단지 정도로 신축 대단지 아파트가 매우 제한적인 마포구에 최대 규모의 아파트입니다.

단지명	세대수	준공일
마포 래미안푸르지오	3,885	2014년 9월
성산 시영	3,710	1986년 6월
공덕 자이	1,164	2015년 4월
대흥 태영	1,992	1999년 11월
상암 월드컵파크 9단지	1,036	2010년 10월
도화 현대1차	1,021	1993년 9월
우성	1,222	1986년 12월

마포구 내 1,000세대 이상 아파트

'마래푸'의 규모는 단순히 마포구 내에서가 아닌, 강북 전체에서도 큰 의미를 지닙니다. 1,000세대 이상의 대단지 아파트가 귀한 강북 전체를 통틀어서 두 번째로 큰 규모의 아파트입니다.

구	아파트명	세대수	연식	구내 최대 규모 단지(10년이내)
마포구	마포 래미안푸르지오	3,885	2014년 9월	
서대문구	DMC 파크뷰자이	4,300	2015년 10월	
중랑구	신내 우디안 2단지	1,896	2013년 12월	
중구	서울역 센트럴자이	1,341	2017년 8월	
종로구	경희궁 자이	2,533	2017년 2월	
은평구	래미안베라힐즈	1,305	2018년 12월	
용산구	없음			파크타워 (888)
성북구	래미안길음센터피스	2,352	2019년 2월	
성동구	센트라스	2,529	2016년 11월	
동대문구	래미안위브	2,652	2014년 8월	
도봉구	없음			북한산 코오롱하늘채 (293)
노원구	없음			수락 리버시티 3단지 (696)
광진구	없음			래미안구의파크스위트(854)
강북구	래미안트리베라 1·2차	2,577	2010년 5월	

강북 소재 구별 최대 규모 단지(10년 이내, 1,000세대 이상 아파트, 2019년 1월 기준)

　　　　　　　　　　　　　　　　3장. 서울 대장 아파트 이야기

<입지>
첫째도 교통, 둘째도 교통, 셋째는 직주근접!

'마포 래미안푸르지오'의 가장 큰 장점은 첫째도 교통, 둘째도 교통, 셋째는 직주근접입니다. 그만큼이나 교통에 최적화된 입지입니다. 1km 내외의 입지를 지도를 통해 살펴보겠습니다.

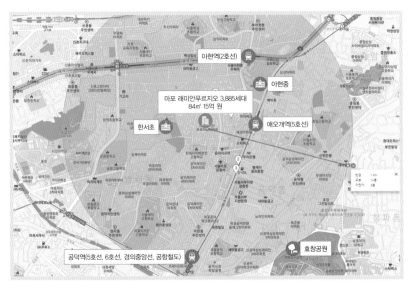

한눈에 보는 마포 래미안푸르지오(1km)

교통 : 애오개역(5호선), 아현역(2호선)

기본적으로 초역세권인 2호선 아현역과 5호선 애오개역이 있습니다. 도보로는 다소 어려움이 있지만, 공덕역도 접근성이 나쁘지는 않습니다. 초역세권인 애오개역(5호선)에서 한 정거장이면 무려 4개의 노선이 있는(5호선, 6호선, 경의중앙선, 공항철도) 공덕역에 도착할 수 있습니다.

지하철 노선 하나만으로도 감지덕지한 서울에 무려 5개 노선을 상시 이용할 수 있는 조건입니다. 그로 인해 종로, 광화문, 을지로, 공덕, 여의도와 같이 일대의 직주근접을 한번에 잡았습니다.

4km 내외 근방을 살펴보도록 하겠습니다.

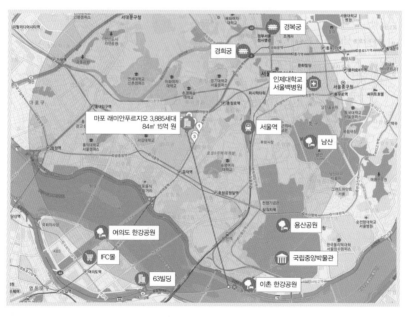

한눈에 보는 마포 래미안푸르지오(4km)

3장. 서울 대장 아파트 이야기

4km 반경을 살펴보면 마포구가 왜 신흥 부촌으로 급부상하게 되었는지를 알 수 있습니다. 4km 내외에 무려 여의도, 종로 일대 그리고 용산구가 범주에 포함되어 있습니다. 서울 3대 직장지중 여의도와 종로 일대가 4km 반경에 모두 포함된 대규모 신축 아파트의 희소성을 고려하면 머지않은 미래에 '이 모든 게(지금의 아파트 가격 상승은) 다 마래푸 때문이다'라는 소리가 또다시 흘러나올지도 모르겠습니다.

<교통 및 직주근접>
이견의 여지가 없는 종로, 여의도 직주근접의 끝판왕!

기본적으로 애오개역과 아현역 초역세권입니다. 워낙 큰 단지인 만큼 단지마다 차이가 있을 수 있지만, 직접 걸어 보았을 때 두 역 모두 단지 입구에서 3분 39초, 2분 50초가 걸렸습니다.

더블 역세권의 수혜를 받아 종로, 여의도 일대의 직주근접 끝판왕입니다. 일단 주요 지역을 살펴보겠습니다.

지역	지하철역	소요시간 (분)	환승 횟수	최단 경로
강남 · 서초	❷강남역	36	2	❸종로3가역 → ❷교대역 → ❷강남역
	❷삼성역	38	0	❷아현역 → ❷삼성역
	❸양재역	35	1	❺애오개역 → ❸종로3가역 → ❸양재역
종로 · 중구	❺광화문역	5	0	❺애오개역 → ❺광화문역
	❺종로3가역	7	0	❺애오개역 → ❺종로3가역
	❶종각역	8	1	❷아현역 → ❶시청역 → ❶종각역
	❷을지로입구역	6	0	❷아현역 → ❷을지로입구역
	❷시청역	4	0	❷아현역 → ❷시청역
여의도	❺여의도역	8	0	❺애오개역 → ❺여의도역

종로, 여의도 기반이라면 삶의 질 자체를 송두리째 바꿀 수 있을 정도의 직주근접 지역입니다.

요즘 시대에 직주근접이 삶에게 선사해주는 가치가 얼마 정도 되는지를 가늠해볼 수 있는 아파트라고 말할 수 있습니다. '마래푸'의 가격 상승은 곧 고소득 직장인들의 '삶의 질'에 대한 열망이 어느정도 되는지를 살펴볼 수 있는 지표가 될 수 있을 것으로 보입니다. 저녁이 있는 삶에 대한 현대인들의 갈망을 살펴볼 수 있으며, '마래푸'에 거주하는 직장인들은 저녁뿐만 아니라 아침 늦잠도 함께하는 삶을 누릴 수 있을 것으로 보입니다.

<교육>
무섭게 성장하는 신흥 학군

만들어져가는 학군입니다. 마포 지역을 전통적으로 좋은 학군으로 보기에는 무리가 있습니다. 하지만 무려 3,885세대의 고소득, 젊은 직장인들이 한꺼번에 투입된 곳이기에 오늘보다 내일이 더 기대되는 학군입니다. 일반적으로 학군이 형성되는 데는 대략 10년의 시간이 소요되곤 합니다. 2019년에 5년 차가 되는 아파트인 만큼 귀추가 주목되는 곳입니다.

초품아 여부도 단지마다 조금 갈립니다. 초등학교의 경우 3단지는 한서초, 나머지는 아현초입니다. 3단지 한서초(혁신초)는 초품아이며, 아현초의 경우 거리는 매우 가깝지만 길을 건너야 합니다.

중학교는 주로 아현중, 서울여중, 동도중 등으로 배정을 받습니다. 해당 학교의 3년간 특목고 진학을 살펴보도록 하겠습니다.

아현중

년도	졸업자수	과학고	외고·국제고	자율형사립고	특목고 진학명수
2016	167	0	2	11	13
2017	169	0	3	20	23
2018	171	0	3	29	32

서울여중

년도	졸업자수	과학고	외고·국제고	자율형사립고	특목고 진학명수
2016	227	2	3	23	28
2017	163	1	5	22	28
2018	146	0	4	32	36

동도중

년도	졸업자수	과학고	외고·국제고	자율형사립고	특목고 진학명수
2016	267	0	6	53	59
2017	230	0	7	42	49
2018	214	5	5	32	42

　세 중학교 중에서는 동도중의 진학성적이 가장 좋으며 그다음은 서울여중, 마지막으로 마래푸에서 가장 많이 배정을 받는 아현중이 가장 성적이 저조한 편입니다.

　학원가는 대흥역 인근에 형성되고 있습니다. 일대에 지속해서 새 아파트가 들어오고 고소득 직장인들이 유입되고 있는 만큼 학원가의 발전 속도가 상당히 빠른편입니다. 과거 마포는 학군이 좋지 않다는 인식과는 다르게 주거지의 뉴타운화와 고소득 직장인의 대거 유입으로 학군이 개선되는 것은 시간 문제로 보입니다.

<환경>
특별함은 없지만 단지 내 조경으로 달래는 아쉬움!

가장 가깝게 이용할 수 있는 쌍룡산 근린공원(하늘공원)은 확장 공사 중으로 조경률 40%에 육박하는 '마래푸'의 내부 조경과 연계성을 지니게 됩니다. 그 밖에도 북아현 3구역쪽 접근 시 안산 자락길이 있으며, 해당 길은 인왕산으로 연결됩니다. 특별하게 친환경적인 요소가 부각되는 환경은 아니지만, 산책하기에는 무리 없는 환경입니다.

환경이 두드러지는 아파트는 아니지만 단지의 규모로 아쉬움을 달랠 수 있는 수준입니다.

공원과 다름없는 마포 래미안푸르지오의 내부 조경

\<인프라\>
아쉬움이 남는 인프라 요소!

인프라적인 측면에서는 다소 아쉬움이 남습니다. 편하게 도보로 접할 수 있는 생활편의시설, 문화 산업 복합센터가 여의치 않습니다. 가장 가까운 인프라는 신촌 일대의 상권 인프라와 공덕 쪽 인프라가 있습니다. 간단한 인프라는 단지 내에서 해결 가능하며, 가까운 거리에 아현시장이 있습니다.

한 줄 평

마포는 마포 래미안푸르지오 이전과 이후로 구분된다! 지금의 마포를 전국구 슈퍼스타로 만들어준 장본인!

e편한세상 신촌
뉴타운이라는 이름이
가장 잘 어울리는 신촌
(新村, 새로운 마을)

e편한세상 신촌

<서대문구 이야기>
진정한 신촌(New town)으로 거듭나는 서대문구

서대문구는 많은 이야기가 있는 곳입니다. 서울 사대문 지역 중 하나로, 조선시대에 한양으로 수도가 옮겨지며 서대문(돈의문)이 만들어졌습니다. 서대문의 경우 일제가 1915년 도로 확장을 빌미로 헐어버려 현재는 남아 있지 않습니다. 서대문이 없는 서대문구가 되어버렸지만, 조선시대부터 사대문 안에 있는 중심지인 동시에 독립문과 서대문형무소 등 근현대사의 굵직한 역사적 사건과 유물이 함께하는 곳으로 역사적으로도 큰 의미를 지닌 곳입니다.

오랜 역사가 있는 곳이기에 서대문구 역시 한동안 난개발과 노후화의 문제에서 자유롭지 못했습니다. 하지만 2000년대 이후 시작된 뉴타운 사업을 필두로 서대문구는 이제 다시 서울의 주요 지역으로 비상할 준비를 하고 있습니다. 서대문구 변화의 중심에는 가재울 뉴타운과 북아현 뉴타운이 있습니다.

가재울 뉴타운은 변화하는 서대문의 미래를 보여줍니다. 서울 뉴타운 중 속도가 가장 빠른 성공적인 뉴타운 중 하나로 1구역부터 4구역은 입주를 마무리했고, 5, 6구역도 성공적으로 분양되어 2020년 초면 90% 정도 완성된 가재울 뉴타운의 모습을 보여줄 것입니다.

3장. 서울 대장 아파트 이야기

구역	아파트명	세대수	준공일
1구역	DMC아이파크	362	2009년 3월
2구역	DMC센트레빌	473	2010년 1월
3구역	DMC래미안e편한세상	3,293	2012년 10월
4구역	DMC파크뷰자이	4,300	2015년 10월
5구역	래미안DMC루센티아	997	2020년 2월
6구역	DMC에코자이	1,047	2019년 12월
7구역	추진위원회 단계	1,600	
8구역	가좌역 아이파크	283	사업시행인가
9구역	금호 리첸시아	450	철거 진행 중
총		12,805	

가재울 뉴타운 현황

　마무리되어가는 가재울 뉴타운의 바통을 북아현 뉴타운이 이어 받았습니다. 이미 북아현 1-2(푸르지오), 1-3(e편한세상 신촌) 구역의 경우 성공적인 입주를 마쳤으며, 추가로 8,000세대 이상의 규모가 현재 이주, 철거 또는 사업시행인가 중입니다. 해당 일대가 완성될 경우 1만 1,000세대 규모의 대규모 뉴타운이 완성됩니다.

구역	아파트명	세대수	준공일
1-1구역	힐스테이트 신촌	1,226	2020년 8월
1-2구역	아현역 푸르지오	940	2015년 11월
1-3구역	신촌 e편한세상	1,910	2017년 3월
2구역	삼성물산·대림산업	2,274	사업시행인가 변경 중
3구역	롯데캐슬·GS자이	4,569	사업시행인가
총		10,919	

북아현 뉴타운 현황

가재울 뉴타운과 북아현 뉴타운이 완성되면 가재울 뉴타운은 수색, 증산 뉴타운과 연계될 것입니다. 북아현 뉴타운은 마포 래미안 푸르지오가 있는 마포 일대와 위로는 경희궁 자이로 대변되는 돈의 뉴타운 지역과 연계되면서 서대문구는 완벽하게 새로운 도시로 태어날 것입니다.

그 변화의 중심에 있는 서대문구, 그리고 북아현 뉴타운의 대장 아파트 'e편한세상 신촌'은 어떤 곳인지, 지금부터 함께 살펴보도록 하겠습니다.

<숫자로 보는 e편한세상 신촌>
북아현 뉴타운의 유일한 대단지 아파트. 서대문구와 북아현 뉴타운의 대장

세대수	총 1,910세대
건설사	대림산업
준공일	2017년 3월
2018년 실거래 최고가 (전용면적 84㎡ 기준)	14억 원(2018년 8월)
KB시세(하위평균가/일반평균가/상위평균가) (전용면적 84㎡)	11억 6,500만 원/12억 2,500만 원/13억 4,500만 원 (2019년 3월 마지막 주)

　　북아현 뉴타운의 대장이자 서대문구의 대장 아파트입니다. 2,000세대에 육박한 규모인 '신촌' 재개발로 새로운 대형 아파트촌으로 거듭났습니다. 2017년 3월에 준공된 신상 아파트입니다. 강북 전체에서 매우 귀한 1,000세대 이상의 대단지 아파트이며, 서대문구에서는 DMC파크뷰자이, DMC래미안e편한세상 다음으로 큰 대규모 단지입니다. 현재 준공된 북아현 뉴타운 아파트 중에서는 유일한 1,000세대 이상의 신축입니다.

<입지>
최고의 2호선 접근성과 도심 접근성! 도심 직장인들이 꿈꾸는
입지!

1㎞ 내외의 도보권으로 살펴볼 수 있는 입지적인 요소는 다음과
같습니다.

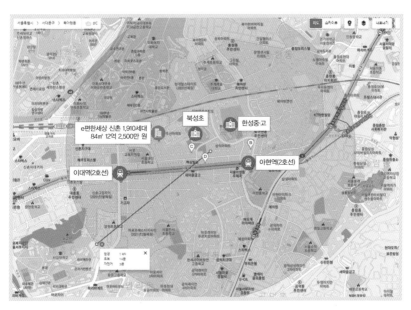

한눈에 보는 e편한세상 신촌(1km)

교통: 아현역(2호선) 초역세권, 이대역(2호선)

교육 : 한성중·고

인프라 : 이화여대, 연세대, 아현시장, 신촌역 일대 상권

가장 눈에 띄는 입지적인 요소는 2호선 초역세권입니다. 특히 4단지의 경우 아현역과 직접 연결된 초역세권으로 최근 가장 선호하는 '초역세권+새 아파트'의 조건을 갖추었습니다.

4㎞ 내외로 보았을 때 'e편한세상 신촌'의 입지입니다.

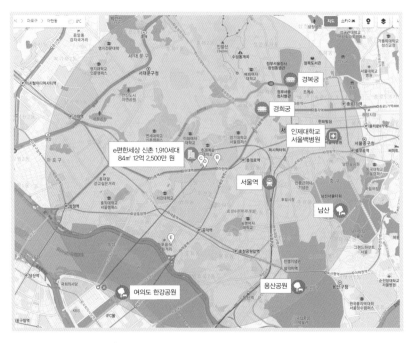

한눈에 보는 e편한세상 신촌(4km)

내 집 마련, 서울 대장 아파트에 답이 있다!

4㎞ 지도로 보았을 때 해당 지역의 특성이 확실히 나옵니다. 기본적으로 도심 접근성이 매우 좋습니다. 4㎞ 내외에 종로, 광화문 일대가 들어와 있습니다. 접근성이 최적화되어 있는 곳입니다. 최근 서울의 아파트 트렌드에서 두드러지게 나타나는 현상 중 하나는 바로 '도심의 귀환'입니다. 도시 중심 지역에 주거지 공급이 여의치 않기에 도심 접근성이 뛰어난 새 아파트의 경우, 불패를 넘어서 강북 전체의 시세를 주도하는 현상을 보여주었습니다. 도심에 몰려 있는 고소득의 대기업 본사 종사자들이 '그동안 마땅한 새 아파트가 없어서 못 샀을 뿐'이라고 하는 듯합니다. 그러한 측면에서 'e편한세상 신촌'은 도심권 직장인들의 로망 아파트 중 하나가 될 수 있겠습니다.

반면 강남 접근성은 뛰어나다고 보기는 어렵습니다. 4㎞ 내외에 포함되어 있지 않습니다. 여의도는 아슬아슬하게 4㎞ 반경에 들어오지는 않지만, 접근성은 괜찮은 편입니다.

<교통 및 직주근접>
2호선이 직접 연결된 아파트!
초역세권을 넘어 역품아(지하철역을 품은 아파트)로!

단지 내에 2호선 아현역 출구가 연결되어 있다

대단지인 만큼 단지마다 다소 차이가 있으나 4단지의 경우에는 2호선 아현역과 에스컬레이터로 직접 연결되어 있습니다.

똑똑한 지하철 노선 하나가 직주근접의 성패를 좌우하는 경우가 많은데, 아현역은 최고의 프리미엄을 가진 노선 중 하나인 2호선입니다. 아현역 초역세권이 가져다주는 엄청난 직주근접 효과를 세부적으로 살펴보도록 하겠습니다.

지역	지하철역	소요시간 (분)	환승 횟수	최단 경로
강남 · 서초	②강남역	43	0	②아현역 → ②강남역
	②삼성역	38	0	②아현역 → ②삼성역
	③양재역	34	1	②아현역 → ③을지로3가역 → ③양재역

종로·중구	⑤광화문역	10	1	②아현역 → ⑤충정로역 → ⑤광화문역
	③종로3가역	14	1	②아현역 → ③을지로3가역 → ③종로3가역
	①종각역	10	1	②아현역 → ①시청역 → ①종각역
	②을지로입구역	6	0	②아현역 → ②을지로입구역
	②시청역	4	0	②아현역 → ②시청역
여의도	⑤여의도역	16	1	②아현역 → ⑤충정로역 → ⑤여의도역

대단한 결과입니다. 종로, 여의도 일대는 말이 필요 없습니다. 직주근접을 넘어선 준직주일치 수준입니다. 최소 6분에서 최대 16분으로 모두 해결됩니다.

3대 직장지, 특히 종로, 광화문, 여의도 일대 최상급의 접근성이 'e편한세상 신촌' 가치의 핵심입니다. 앞으로 직주근접이라는 큰 트렌드의 중요성이 대두될수록 'e편한세상 신촌'의 가치는 시간이 갈수록 부상할 것입니다.

<교육>

초·중·고품아 학군!

무려 초·중·고품아입니다. 서울 전역을 보아도 몇 되지 않은 대단지 새 아파트 초·중·고품아입니다. 북성초등학교, 한성중학교, 한

성고등학교가 모두 단지 내에서 도보 이동이 가능합니다. 분명 균질성과 학군의 연속성 면에서는 메리트가 있는 것으로 판단됩니다.

인근에서 주로 진학하는 한성중과 중앙여중의 지난 3년간 특목고 진학률을 살펴보겠습니다.

한성중

년도	졸업자 수	과학고	외고·국제고	자율형사립고	특목고 진학 명수
2016	167	0	0	7	7
2017	157	2	0	9	11
2018	136	0	0	12	12

중앙여중

년도	졸업자 수	과학고	외고·국제고	자율형사립고	특목고 진학 명수
2016	111	0	0	4	4
2017	105	0	1	3	4
2018	77	0	1	6	7

두 학교 모두 특목고 진학에는 아쉬운 측면이 있습니다. 뉴타운의 완성과 함께 학군 형성을 기대해보아야 할 듯합니다.

단지 내 북성초등학교   단지 내 한성중, 한성고

학원가의 경우 대흥역 일대에 형성되고 있는 마포 학원가의 활용이 가능합니다. 대규모 뉴타운에 마포 일대와 연계성을 지니고 있는 만큼 학군 역시 시간이 지나면 차근차근 형성될 것으로 여겨집니다.

<환경>
안산까지 걸어서 15분! 매일매일 갈 수 있는 안산 둘레길!

서대문구는 안산, 인왕산, 백련산, 궁동산, 북한산 등 명산이 많은 곳입니다. 'e편한세상 신촌' 역시 혜택을 받는 아파트입니다. 아파트 뒤쪽으로 도보 15분 정도 거리에 안산 둘레길이 있습니다.

<인프라>
서울에서도 독특한 대세권 인프라!(Feat. 연세대학교, 이화여자
대학교)

특이하게 대세권입니다. 연세대학교, 이화여자대학교, 추계예술대학교와의 접근성이 좋습니다. 이로 인해 세브란스병원을 비롯해 대학교 인프라를 누릴 수 있는 장점이 있습니다. 상권은 신촌역 일대가 주된 인프라입니다. 과거보다 명성이 퇴색한 상권이지만 필요한 것은 모두 갖추고 있습니다. 또한, 단지 건너편에는 아현시장이 있습니다. 전반적으로 생활 편의성은 어느 정도 확보된 상권입니다.

한 줄 평

신촌(新村)을 진정한 새로운 마을(뉴타운)로 거듭나게 해주는 장본인!

힐스테이트 녹번
북한산이 3호선을 만났을 때

힐스테이트 녹번

3장. 서울 대장 아파트 이야기

<은평구 이야기>
미분양의 대명사에서 금평구로!

은평구의 경우 오랫동안 '가격이 오르지 않는 지역'의 대명사처럼 인식되어 왔습니다. 무려 50만 명에 가까운 인구가 거주하는 지역임에도 불구하고 다세대주택, 연립주택 위주의 난개발이 이루어졌고, 평지가 드물다는 점 등의 이유로 고급 주거지로써는 소외를 받아왔기 때문입니다.

은평은 뉴타운이라는 거대한 호재가 있었음에도 한동안 실패한 뉴타운의 대명사로 여겨지는 시기를 겪기도 했습니다. 지금은 상상도 할 수 없는 일이지만, 서울 서북단 끝에 위치한 지리적인 측면과 교통 및 여러 가지 인프라가 부족하다는 측면 때문에 은평 뉴타운이라는 사실상 완전한 신도시가 개발되었음에도 불구하고, 오랜 기간 미분양으로 시장에서 소외되었습니다. 이러한 문제를 해결하고자 2012년 당시 서울시장인 박원순 시장이 주거지를 은평 뉴타운으로 직접 이전하는 모습을 보여주기도 했습니다.

이런 은평구가 재건축, 재개발 및 GTX, 신분당선과 같은 호재를 만나서 새롭게 부상하고 있습니다. 은평에서 대규모 새 아파트 단지의 시대를 열어줄 것으로 기대되는 녹번 일대의 재개발 사업을 필두로 수색·증산 뉴타운이 대기하고 있습니다.

그뿐만 아닙니다. 은평구 일대의 가장 큰 호재 중 하나인 GTX-A 노선이 은평구를 한층 더 업그레이드 시켜줄 예정입니다. GTX-A 노선의 경우 이미 확정된 대형 호재입니다. 신한은행 컨소시엄이 우선 협상 대상자로 선정되어 2023년 개통을 목표로 하고 있습니다.

이렇듯 은평구를 금평구로 만들어줄 대형 호재들이 연이어 기다리고 있는 상황입니다. 과거 경기 북부와 서울을 이어주는 관문 역할을 하던 서민들의 주거지에서 북한산과 교통이 겸비된 고급 새 아파트를 함께 누릴 수 있는 웰빙 명품 도시로 거듭나고 있는 것입니다.

그중 은평구의 대장 아파트인 '힐스테이트 녹번'은 북한산이 교통(3호선)을 만났을 때의 파급력을 보여주는 가장 좋은 예입니다. 입지적인 요인 중 환경의 중요성은 날이 갈수록 커지고 있지만, 환경은 교통을 만났을 때 비로소 파괴력을 가지게 됩니다. 그런 의미에서 '힐스테이트 녹번'에 대한 이해를 통해 GTX-A노선이 들어선 은평이 금평이 되어가는 과정을 상상해볼 수 있을 것입니다. 본격적으로 '힐스테이트 녹번'에 대한 이야기를 해보도록 하겠습니다.

<숫자로 보는 힐스테이트 녹번>
은평구 최대 규모의 대단지 아파트촌

세대수	총 952세대
건설사	현대건설
준공일	2018년 10월
2018년 실거래 최고가 (전용면적 84㎡ 기준)	국토교통부 실거래가 등재 내역 없음
KB시세(하위평균가/일반평균가/상위평균가) (전용면적 84㎡)	9억 1,000만 원/9억 5,000만 원/9억 9,000만 원 (2019년 3월 첫째 주)

　대단지의 기준인 1,000세대에 조금 미치지 못하는 952세대의 아파트입니다. 규모에 있어서 다소 아쉬움이 있지만, '힐스테이트 녹번'의 경우 2018년 12월에 준공인 '래미안 북한산 베라힐즈(1,305세대)', 그리고 2015년에 준공한 '북한산 푸르지오(1,230세대)'와 연계성을 지닌다는 특성을 가지고 있습니다. 새 아파트를 모두 합치게 되면 총 3,487세대로 은평구를 대표하는 대형 고급 주거 라인을 형성하게 됩니다.

　이뿐만 아닙니다. 녹번역 일대에 추가적으로 예정되어 있는 아파트들이 모두 입주하게 되면 무려 7,000세대에 육박하는 대단지 아파트촌이 형성됩니다. 사실상 녹번 뉴타운으로 보아도 무방한 규모로 일대가 천지개벽하게 될 것으로 예상됩니다.

아파트 단지	세대수	준공일
북한산 푸르지오	1,230	2015년 7월
힐스테이트 녹번	952	2018년 10월
래미안베라힐즈	1,305	2018년 12월
녹번역 e편한세상캐슬	2,441	2020년 5월
힐스테이트 녹번역	879	2021년 4월
총	6,807	

녹번역 일대의 새 아파트 단지 현황

3장. 서울 대장 아파트 이야기

<입지>

북한산과 3호선이 만들어내는 힘!

먼저 1㎞ 내외의 입지를 살펴보도록 하겠습니다.

'힐스테이트 녹번'의 입지적인 요소는 다음과 같습니다.

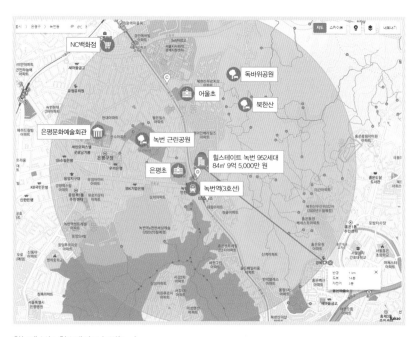

한눈에 보는 힐스테이트 녹번(1km)

교통 : 녹번역(3호선) 초역세권(도보 1분)

환경 : 북한산, 독바위공원

인프라 : NC백화점, 이마트, 은평문화예술회관

1㎞ 내외의 입지를 보았을 때 두드러지는 것은 딱 두 가지입니다. 바로 3호선 녹번역과 북한산입니다.

'힐스테이트 녹번'이 비슷한 시기에 준공한 '래미안북한산베라힐즈', '북한산 푸르지오'를 제치고, 대장의 위상을 가지게 된 이유는 단 하나입니다. 바로 압도적인 '3호선 초역세권'입니다.

'힐스테이트 녹번'의 경우 은평구 끝에 위치해 사실상 서대문구에 가까운 입지를 보여주고 있습니다. 이로 인해 심리적인 거리보다도 훨씬 도심에 가까우며, 특히 은평구의 약점으로 꼽히는 강남 접근성 역시 3호선 초역세권으로 일정 부분 해결 가능합니다.

또한, 은평구의 최고 호재인 GTX-A노선 연신내역까지의 접근성도 훌륭합니다. 지하철로 두 정거장, 5분 정도의 시간이면 GTX-A 연신내역으로 갈 수 있습니다.

3호선 녹번역과 힐스테이트 녹번이 사실상 거의 붙어 있는 모습. 도보로 1분 내 접근이 가능하다

3장. 서울 대장 아파트 이야기

추가적으로 환경적인 요인이 두드러져 보입니다. 뒷동산으로 서울에서도 손꼽히는 명산인 북한산을 끼고 있습니다. 환경은 단독으로는 입지적으로 큰 가치를 인정받지 못하지만, 교통을 만나면 이야기가 다릅니다. 황금 노선 중 하나인 3호선과 대한민국에서 손꼽히는 명산으로 불리는 북한산이 만났습니다. 최고와 최고가 결합된 만큼 파급력 역시 강할 것으로 여겨집니다.

　오랫동안 주거지역으로 역할을 했기 때문에 학교, 상가, 시장을 두루 갖추고 있습니다. NC백화점 불광점과 이마트 은평점이 있으며, 전통시장인 불광시장도 있습니다.

　거주지로써 원래 살기 좋았던 곳에 교통이라는 힘이 더해진 형국입니다. 대장의 입지에 새 아파트가 더해졌을 때 나타나는 파급력의 단적인 예 중 하나입니다.

　지도를 보다 넓게 보아 4㎞ 내외의 거리에서 입지를 살펴보도록 하겠습니다.

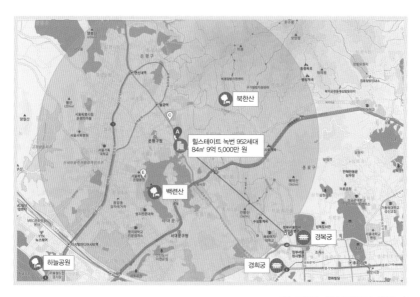

한눈에 보는 힐스테이트 녹번(4km)

4㎞ 내외에서 보았을 때 가장 크게 나타나는 점은 종로 접근성입니다. 인왕산에 막혀 있지만, 기본적으로 종로와의 거리가 4㎞ 내외로 무척이나 가까운 것을 알 수 있습니다. 즉 서울 끝이라는 이미지와는 달리 광화문, 종로를 이웃사촌으로 둔 '직주근접'에 용이한 주거지역이라는 것을 알 수 있습니다.

<교통 및 직주근접>
똘똘한 3호선 초역세권이 선물해준 종로 직주근접의 힘!

앞서 언급했지만 3호선 초역세권입니다. 그냥 초역세권이 아닌, 입구에서 도보 1분 내로 접근이 가능한 초역세권으로 서울 전체를 따져도 매우 귀한 경우입니다. 단지와 연결만 되어 있지 않을 뿐 '힐 스테이트 녹번' 전용 지하철로 보아도 무방한 수준입니다. 이로 인해 직주근접에 있어서 상당히 재미있는 데이터가 나왔네요.

지역	지하철역	소요시간 (분)	환승 횟수	최단 경로
강남·서초	❷강남역	36	1	❸녹번역 → ❷교대역 → ❷강남역
	❷삼성역	42	1	❸녹번역 → ❷교대역 → ❷삼성역
	❸양재역	35	0	❸녹번역 → ❸양재역
종로·중구	❺광화문역	17	1	❸녹번역 → ❺종로3가역 → ❺광화문역
	❸종로3가역	13	0	❸녹번역 → ❸종로3가역
	❶종각역	17	1	❸녹번역 → ❶종로3가역 → ❶종각역
	❷을지로입구역	19	1	❸녹번역 → ❷을지로3가역 → ❷을지로입구역
	❶시청역	19	1	❸녹번역 → ❶종로3가역 → ❶시청역
여의도	❺여의도역	31	1	❸녹번역 → ❺종로3가역 → ❺여의도역

예상 외의 결과입니다. 종로·광화문·을지로 일대는 20분 내, 여

의도·양재·강남역·삼성역은 30~40분 내외로 도착이 가능합니다. 초역세권이기에 해당 시간이 도어 투 도어(Door-to-Door) 시간임을 고려한다면 엄청난 직주근접입니다.

이 정도면 은평구가 가진 서울 외곽 이미지, 즉 교통이 좋지 않고 강남 접근성이 좋지 않다는 편견이 단숨에 날아가는 수준입니다. 적어도 환경과 직주근접 두 마리의 토끼를 잡고자 하는 이들에게는 최고의 선택 중 하나가 될 수 있음을 의미합니다.

확정된 호재인 GTX-A가 들어올 때 파급력 역시 대단합니다. 연신내로 들어오는 GTX-A는 녹번역에서 단 두 정거장입니다. 삼성역까지 20분 내외의 시간이 소요된다는 의미입니다. 그런 측면에서 '힐스테이트 녹번'은 향후 광화문, 종로 일대만 아닌, 강남 일대의 훌륭한 직주근접의 대안 아파트로써 자리 잡게 될 것으로 보입니다.

<교육>
아직은 갈 길이 먼 학군

은평구 전체의 문제입니다. 학군에 대해서는 지금까지도 그리고 앞으로도 의문부호가 붙습니다.

배정되는 초등학교는 은평초와 녹원초입니다. 은평초의 경우 길

건너편에 있지만, 지하 보도를 통하면 길을 건너지 않아도 됩니다. 녹원초등학교는 은평초에 비하면 거리가 있지만, 베라힐즈 단지를 건너면 되기에 안전하게 자녀를 통학시킬 수 있는 장점이 있습니다. 두 학교 모두 이 정도면 준초품아에 속하는 환경입니다.

문제는 중학교입니다. 인근에 접근성이 좋은 중학교가 없습니다. 가장 가까운 중학교가 영락중학교로 직선거리로 대략 1.2㎞ 정도 떨어져 있습니다. 도보로 통학하기에는 다소 부담스러운 거리입니다.

영락중학교·불광중학교의 입학 성적을 한번 살펴보겠습니다.

영락중

년도	졸업자수	과학고	외고·국제고	자율형사립고	특목고 진학명수
2016	269	0	3	15	18
2017	252	0	3	14	17
2018	248	1	5	21	27

불광중

년도	졸업자수	과학고	외고·국제고	자율형사립고	특목고 진학명수
2016	296	0	5	21	26
2017	246	0	3	31	34
2018	223	0	1	25	26

전체적으로 경쟁력이 있는 진학 현황은 아닌 것으로 판단됩니다. 녹번 일대의 연계성 있는 아파트가 대규모로 들어오는 만큼 점차 개

선될 것으로 예측됩니다.

학원가는 명성학원이라는 큰 학원이 도보 10분 내외의 거리에 있습니다. 하지만 학원가라고 부르기에는 모호합니다. 이래저래 교육환경에 어려운 측면이 많아 보입니다. 은평구에 학군이 형성되기에는 시간이 많이 필요할 것으로 보입니다.

\<환경\>
대한민국 최고의 명산, 북한산을 뒷산으로!

북한산이 뒷산입니다. 이것만으로도 충분합니다. 은평의 자부심이자, 외부 사람들이 은평을 찾아오는 가장 큰 이유입니다.

북한산 둘레길, 독바위공원, 북한산 생태공원 등 환경적으로 누릴 수 있는 인프라는 차고 넘쳤습니다. 환경, 특히 미세먼지에 대한 문제가 점점 심각해지고 있는 요즘, 북한산 숲세권은 고려해볼 만한 입지 요소입니다. 일반적인 친환경 아파트와는 다르게 3호선 초역세권에 더해진 환경입니다. 그 자체로 축복이라고 할 수 있습니다.

\<인프라\>
알짜배기들로 갖춘 생활 인프라

갖춰야 할 것들을 대부분 갖추고 있습니다. 한때 전국 매출 1위를 기록했던 것으로 유명한 이마트가 직선거리 1km 내외로 있습니다. 또한 NC백화점, 불광시장 역시 1km 내외로 생활편의시설에 가까운 환경들은 인근에 모두 잘 포진해 있습니다.

저렴한 가격에 다양한 문화적 시설을 이용할 수 있는 은평문화예술회관 역시 도보로 15분 거리입니다.

병원 환경 역시 좋습니다. 대형 병원이 직선거리 4km 내외로 포진되어 있습니다. 북쪽으로는 곧 개원하는 가톨릭대학교 은평성모병원이 있으며, 남쪽으로 강북삼성병원이 있습니다.

특히 가톨릭대학교 은평성모병원의 경우 그간 은평구에 부족했던 대형 병원 문제를 해결해줄 것입니다. 필요한 것은 모두 갖추게 되는 '힐스테이트 녹번'입니다.

한 줄 평

교통(3호선 초역세권)과 자연(북한산)이 만나서 새로운 은평을 열다!

e편한세상 옥수 파크힐스
압구정동 데칼코마니 입지의 위엄

e편한세상 옥수 파크힐스

<성동구 이야기>
달동네의 대명사에서 신흥 부촌으로! 천지개벽의 대명사

성동구는 서울 25개 구 중에서도 가장 극적인 변화가 있었던 곳입니다. 그리고 그 변화는 성동구라는 지명의 유례에서부터 찾아볼 수 있습니다.

성동구라는 지명은 서울을 둘러싸고 있던 도성의 동쪽에 있다는 의미입니다. 역사적으로 도심과 매우 가까운 입지로 자연스럽게 많은 사람이 오고 가는 변화의 중심지였습니다.

이러한 입지적인 요인으로 성동구의 인구는 1960~1970년대를 기점으로 폭발적으로 늘어나게 되었습니다. 예기치 못한 인구증가에 반해 주택가는 계획 없이 무분별하게 형성되었고, 그로 인해 금호동, 옥수동 등은 달동네의 대명사처럼 여겨졌습니다.

이랬던 성동구가 빠르게 변모하고 있습니다. 레미콘 공장에서 서울숲으로, 주거지는 달동네에서 트리마제와 갤러리아포레스트로 대변되는 고급 주거지로, 천지개벽이라는 말이 마치 성동구를 위해서 생겨난 것처럼 끊임없이 변화하고 있습니다. 특히 가장 큰 골칫덩어리였던 레미콘 공장 부지의 철거가 확정된 점은 성동구의 변화에 화룡점정이 될 것입니다. 레미콘 공장 부지는 중랑천 둔치와 이어지는 완벽한 서울숲으로 변화할 것이며, 머지않아 성동구는 서울에서도 손꼽히는 규모의 공원을 보유하는 곳이 될 것입니다.

서울 주요 공원	면적
월드컵공원	2,284,085㎡
올림픽공원	1,447,122㎡
북서울꿈의숲	662,543㎡
서울숲	480,994㎡
서울어린이대공원	560,552㎡
여의도공원	229,539㎡

서울 주요 공원의 면적 비교(출처 : http://parks.seoul.go.kr)

이러한 성동구 변화의 중심에는 대규모 재개발, 재건축 사업이 있었습니다. 왕십리 뉴타운을 필두로 금호, 옥수 일대에 새 아파트가 들어서게 되면서 성동구는 본격적으로 천지개벽하게 되었습니다. 이제는 '마용성(마포·용산·성동)'이라 불리는 신흥 부촌이 되어 모두가 살고 싶은 곳으로 거듭나게 되었습니다.

특히 옥수동의 변화는 그중에서도 가장 극적입니다. 1990년대 드라마 〈서울의 달〉로 많은 사람에게 기억되는 달동네의 대명사였던 곳이, 이제는 '리틀 압구정' 또는 '뒷구정'이라는 별칭으로 강남 사람들의 대안 주거지가 되었습니다. 달이 잘 보이는 언덕에 있었다고 해서 '달동네'라고 불렸던 곳이 이제는 가격이 달나라로 가버려서 '달동네'가 되었습니다. 입지가 시간을 만났을 때 이루어낼 수 있는

3장. 서울 대장 아파트 이야기

변화의 대표적인 사례이자 가장 모범적인 예가 아닐까 싶습니다.

해당 지역에 대한 이해도를 높이기 가장 좋은 아파트 중 하나로는 'e편한세상 옥수 파크힐스'가 있습니다. 본격적으로 살펴보도록 하겠습니다.

<숫자로 보는 e편한세상 옥수 파크힐스>
옥수동 유일의 1,000세대 이상 대단지 아파트!

세대수	총 1,976세대
건설사	대림산업
준공일	2016년 11월
2018년 실거래 최고가 (전용면적 84㎡ 기준)	15억 원(2018년 9월 거래)
KB시세(하위평균가/일반평균가/상위평균가) (전용면적 84㎡)	11억 9,000만 원/12억 4,000만 원/13억 5,500만 원 (2019년 3월 마지막 주)

2016년도 11월에 대림산업이 준공한 1,976세대의 대단지 아파트입니다. 옥수동에서 귀한 10년 이내 1,000세대 이상의 대단지 아파트이며(옥수 파크힐스 1,976세대, 래미안옥수리버젠 1,511세대), 성동구 전체를 통틀어도 얼마 없는 귀한 대단지 새 아파트입니다.

84㎡ 기준으로 평단가 4,000만 원을 넘어서는 아파트로 서울시

25개 구에서도 상위권의 시세인 아파트입니다. 성동구를 서울 25개 구 중 5번째(강남, 서초, 용산, 송파, 성동순)로 평단가가 높은 구로 안착시킨 일등공신입니다.

지금부터 본격적으로 'e편한세상 옥수 파크힐스'에 대해서 살펴보도록 하겠습니다.

<입지>
최고의 이웃들과 함께하는 곳(Feat. 남 압구정, 북 종로, 좌 용산, 우 성수)

'e편한세상 옥수 파크힐스'의 경우 단순히 1km 내외에서 살펴보았을 때는 가격 설명이 쉽지 않은 측면이 있습니다. 따라서 1km 내외의 'e편한세상 옥수 파크힐스'와 4km 내외의 입지를 동시에 살펴보겠습니다.

먼저 1km 내외의 입지 요소를 살펴보겠습니다.

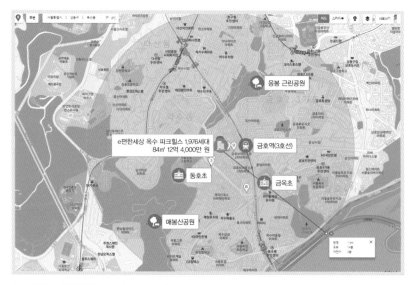

한눈에 보는 e편한세상 옥수 파크힐스(1km)

　　1km 내외의 도보권으로 보았을 때 'e편한세상 옥수 파크힐스'의 입지는 3호선 초역세권(도보 2분 거리)과 풍부한 주변 녹지 정도로 한정됩니다. 단순히 그 두 가지 요소로 현재 'e편한세상 옥수 파크힐스'의 장점을 설명하기에는 어려운 측면이 있습니다. 지도를 조금 더 크게 보도록 하겠습니다. 4km 내외의 반경을 보면 비로소 진정한 'e편한세상 옥수 파크힐스'의 가치가 보이게 됩니다.

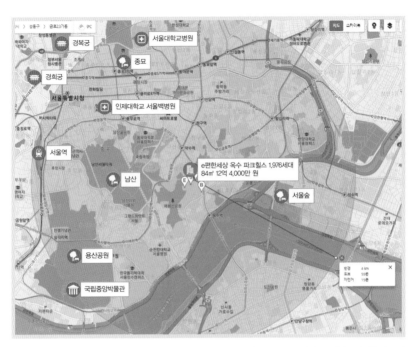

한눈에 보는 e편한세상 옥수 파크힐스(4km)

조금 더 큰 그림으로 보았을 때 비로소 가치가 보이는 'e편한세상 옥수 파크힐스'입니다. 근방 4㎞의 이웃들이 너무나도 뛰어납니다. 왼쪽으로는 용산구, 오른쪽으로는 서울숲이 있는 성수동, 남쪽으로는 압구정, 위로는 종로가 있습니다. 하나하나 자세히 살펴보겠습니다. 명실상부 대한민국 최고의 부촌인 압구정동이 차량 5분 거리이며, 대한민국 부동산 최고의 잠룡인 용산이 왼쪽에 있습니다. 또한 유명 연예인들이 많이 살기로 유명한 트리마제와 갤러리아포레스트로 대변되는 신흥부촌 성수동이 오른쪽에 위치해 있고, 마지막으로 도심인 종로 역시 북쪽 멀지 않은 곳에 위치해 있습니다.

　최고의 이웃들을 곁에 두고 있다는 이유로 이웃들과 함께 시세가 견인될 가능성이 큰 지역입니다.

　사실상 'e편한세상 옥수 파크힐스'의 입지의 핵심이며, 어떤 측면에서는 전부라고 해도 과언이 아닙니다.

<교통 및 직주근접>
강남 종로를 20분 내외로! 입지는 직주근접만 챙겨도 된다는 것을 보여주는 대표 사례!

　최근 '똑똑한 한 채'라는 말이 시장에 유행하지만, 교통 역시 똑같은 명칭이 사용되어도 좋을 것 같습니다. '똑똑한 3호선 금호역' 하나가 해당 지역 거주민들의 삶의 질을 송두리째 바꾸어 놓았습니다. 잘 키운 3호선 하나가 열 개 노선 안 부러운 대표적인 예입니다. 3호선 하나로 강남, 강북 주요 직장 접근성을 한번에 잡았습니다. 3대 직장지까지의 시간을 실제로 확인해보도록 하겠습니다.

지역	지하철역	소요시간 (분)	환승 횟수	최단 경로
강남 · 서초	❷강남역	18	1	❸금호역 → ❷교대역 → ❷강남역
	❷삼성역	24	1	❸금호역 → ❷교대역 → ❷삼성역
	❸양재역	17	0	❸금호역 → ❸양재역
종로 · 중구	❺광화문역	13	1	❸금호역 → ❺종로3가역 → ❺광화문역
	❸종로3가역	8	0	❸금호역 → ❸종로3가역
	❶종각역	19	1	❸금호역 → ❶종로3가역 → ❶종각역
	❷을지로입구역	14	1	❸금호역 → ❷을지로3가역 → ❷을지로입구역
	❷시청역	16	1	❸금호역 → ❷을지로3가역 → ❷시청역
여의도	❺여의도역	26	1	❸금호역 → ❺종로3가역 → ❺여의도역

놀랍습니다. 3대 직장지까지의 거리가 모두 20분대로 가능합니다.

단지 입구에서 도보 3분 거리에 있는 3호선 금호역

뒷구정이라는 별명 때문에 강남 접근성이 가장 뛰어날 것이라는 인식과는 달리 지하철 이용 시 오히려 종로 접근성이 매우 좋습니다. 주요 종로 기반 직장과의 접근성이 최대 13분으로 10분대로 가능합니다. 가장 먼 여의도 접근성 역시 기대 이상입니다. 26분 소요로 가장 먼 여의도가 30분 이내로

3장. 서울 대장 아파트 이야기

접근 가능한 수준입니다. 단순히 3대 직장지와의 거리로 비교해보았을 때 서울 전체에서도 손에 꼽히는 직주근접입니다. 비로소 가격의 이유가 나옵니다. 현재 서울에서 가장 중요한 입지 요소인 '직주근접' 하나만 똑 부러지게 확보되어도 이 정도의 위상을 가질 수 있음을 알 수 있습니다. 'e편한세상 옥수 파크힐스'는 우리가 '직주근접'의 시대에 살고 있음을 느끼게 해주는 대표적인 예 중 하나가 아닐까 싶습니다.

\<교육\>
자녀가 있는 부부들에게는 고민거리

학군은 'e편한세상 옥수 파크힐스'의 아킬레스건입니다. 학군을 위해 외부에서 이사 오게 되는 곳은 아닙니다.

초등학교의 경우 나쁘지 않습니다. 단지에 따라 다소 갈리지만 서울 동호초등학교를 배정받는 단지의 경우 초품아입니다. 하지만 서울 금옥초등학교의 경우 큰길을 건너서 초등학교를 가야 합니다.

문제는 중학교, 고등학교입니다. 일단 1㎞ 내외에 있는 중학교는 옥정중학교가 유일합니다. 인근 타 지역에 배정될 경우 대략 1.5~2㎞ 내외의 거리에 중학교가 배치되어 있어 중학생 자녀를 둔 부모가 선호하는 환경은 아닙니다.

가장 가까운 옥정중을 살펴보도록 하겠습니다.

옥정중

년도	졸업자수	과학고	외고·국제고	자율형사립고	특목고 진학명수
2016	271	0	6	25	31
2017	240	1	3	29	33
2018	211	0	2	25	27

종합해보자면 학부모를 위한 아파트로는 매력이 크지 않으며 아직은 가야 할 길이 멀어 보이는 학군으로 보입니다.

고등학교의 경우 성동고, 장충고, 오산고, 무학여고, 한양부고, 현대고등학교, 금호고등학교 등으로 진학을 하게 되지만, 통학 자체가 쉽지 않습니다. 이들 학교 중에서는 압구정 현대고등학교를 선호하는 편이지만, 전체적으로 보았을 때 학부모가 선호하는 학군은 아닌 것으로 판단됩니다.

<환경>
단지 뒤 매봉산, 앞에는 한강, 전형적 배산임수의 환경!

전형적인 배산임수 지형입니다. 단지 뒤쪽으로 매봉산이 있으며, 앞으로는 한강이 흐르고 있습니다. 조금 더 둘러보아도 환경적인 요소가 뛰어난 것을 볼 수 있습니다. 매봉산공원, 달맞이봉공원, 응봉근린공원 등의 녹지가 충분할뿐더러 2㎞ 내외 좌우로 서울숲과 남산이 있습니다.

<인프라>
자체적으로 부족한 인프라를 강남과 종로 접근성으로 극복하다!

자체적으로 보유한 인프라가 부족합니다. 생활에 필요한 제대로 된 대형 마트를 비롯해 생활편의시설, 문화산업복합센터로 불릴 만한 곳이 없습니다. 하지만 이 모든 것이 뛰어난 강남과 종로 접근성으로 갈음할 수 있습니다.

특히 압구정동 접근성이 매우 뛰어나 압구정동에 있는 주요 상권 관련된 인프라를 쉽게 활용할 수 있습니다.

다만 최근 트렌드 중 하나인 도보권으로 해결 가능한 인프라가 없다는 것은 여전히 'e편한세상 옥수 파크힐스'의 부족한 점입니다.

한 줄 평

잘나가는 이웃 사이에 있는 것만으로도 잘나갈 수 있다!

성북구

래미안 길음 센터피스
알고 보면 더 살기 좋은 아파트

래미안 길음 센터피스

<성북구 이야기>
서울시 최초 뉴타운(길음 뉴타운)과 최대 뉴타운(장위 뉴타운)이 이
끄는 뉴타운의 도시!

개인적으로 성북구 하면 처음 떠올리게 되는 것은 김광섭 시인의
'성북동 비둘기'입니다. 1968년에 발표된 시인데 재개발로 자연이
파괴되는 것에 대한 안타까움이 담겨 있습니다. 학창시절 시험에 단
골로 출제되는 시라고만 생각했는데, 마치 지금 성북구의 천지개벽
을 예언한 시가 아니었나 하는 생각을 합니다.

성북구는 서울 25개 구 중에서도 가장 역동적인 변화를 겪고 있
는 도시입니다. 서울시에서 뉴타운이 최초로 시작된 길음 뉴타운을
필두로 서울시 최대 규모의 뉴타운인 장위 뉴타운이 바통을 이어받
아 성북구 전체를 변모시키고 있는 곳입니다.

길음 뉴타운은 서울시에서 최초로 시작된 뉴타운입니다. 2002년
서울시에서 지정한 3대 뉴타운(성북, 은평, 왕십리) 중 가장 먼저 자리를
잡기 시작한 곳입니다. 가장 성공한 뉴타운 중 하나로 꼽히며 높은
실거주 만족도로 한때 전세가율이 80%를 상회했던 '갭투자의 성지'
로 불렸던 곳입니다.

성북구의 변화를 이끌었던 길음 뉴타운은 이제 막바지를 향해 달

려가고 있습니다. 2022년경에 완성될 예정으로 길음 일대가 모두 새로운 아파트로 변모하게 됩니다. 하지만 길음 뉴타운의 완성은 끝이 아닙니다. 동쪽으로 미아 뉴타운, 나아가 장위 뉴타운이 연계성을 가지며 지속해서 변모하고 있습니다. 특히 서울 내 뉴타운 중 최대 규모를 자랑하는 장위 뉴타운은 길음 뉴타운의 바통을 이어받아 끝없이 성북구의 변화를 이끌게 될 예정입니다.

하나의 뉴타운이 해당 구에 가져다주는 파급 효과도 어마어마한데, 성북구의 경우 서울시 최초의 길음 뉴타운으로 시작해 최대 규모의 장위 뉴타운까지 향후 10년은 꾸준히 변화할 수 있는 성장 동력을 보유했다는 점에서 주목해야 할 구 중 하나입니다.

그 가운데 길음 뉴타운의 대장 '래미안 길음 센터피스'의 의미는 각별합니다. '래미안 길음 센터피스'의 성공이 길음 뉴타운 성공의 방점을 찍는다고 할 수 있기 때문입니다. 길음 뉴타운을 넘어 성북구 전체의 시세를 견인하는 진정한 대장 아파트인 '래미안 길음 센터피스'에 대해서 살펴보도록 하겠습니다.

<숫자로 보는 래미안 길음 센터피스>
천상천하 유아독존 성북동 최대 규모의 대장 아파트!

세대수	총 2,352세대
건설사	삼성물산
준공일	2019년 2월
2018년 실거래 최고가 (전용면적 84㎡ 기준)	국토교통부 실거래가 등재 내역 없음
KB시세(하위평균가/일반평균가/상위평균가) (전용면적 84㎡)	9억 4,300만 원/10억 3,000만 원/11억 원 (2019년 3월 마지막 주)

래미안 길음 센터피스는 2019년 2월 입주를 시작하는 총 2,352세대의 대단지 아파트입니다. 역시 가장 주목해서 보아야 하는 숫자는 세대수입니다.

총 2,352세대로 세대수로만 따졌을 때 성북구 전체에서 두 번째로 큰 규모이며(한신 한진 아파트 4,509세대, 1998년 7월 준공), 10년 이내 새 아파트를 기준으로는 성북동 전체에서 단연 넘버 1 규모입니다. 규모뿐만 아니라 성북동 최고의 입지에 덤으로 길음 뉴타운에서 귀한 평지에 지어졌다는 메리트를 가지고 있습니다.

시세 역시 놀랍습니다. 성북동 아파트 중 최초로 전용면적 84㎡가 10억 원을 초과했습니다. 단순히 길음 뉴타운을 떠나 성북구 전체의 시세를 견인하는 대장 아파트로 한동안 성북구 내에서는 대체재가 없을 것으로 보입니다.

성북구에서 매우 귀한 평지에 있는 대규모 단지 센터피스. 단지 조경이 공원처럼 조경이 이루어져 있다

<입지>
최고의 주거 만족도를 자랑하는 실거주 입지! 풍부한 주변 미래 가치로 실거주와 함께 시세 상승도 기대해볼 수 있는 곳!

'살기 좋다'는 표현이 가장 잘 어울리는 곳으로 생활권도 독보적인 아파트입니다. 1㎞ 내외의 주요 입지는 다음과 같습니다.

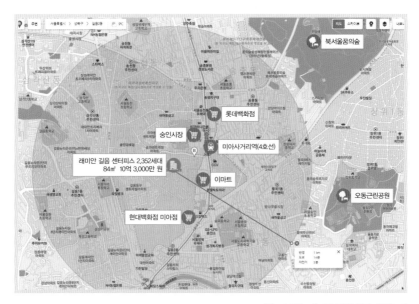

한눈에 보는 래미안 길음 센티피스(1km)

교통 : 미아사거리역(4호선, 동북선 경전철 예정) 초역세권

상권 인프라 : 더블 백세권(롯데백화점, 현대백화점), 더블 장세권(이마트, 숭인시장)

메이저 백화점 두 곳과 이마트, 전통 시장이 모두 도보 5분 거리에 있는 서울시에서도 손꼽히는 수준의 생활권을 자랑하는 입지입니다. 여성들과 전업주부의 만족도가 높을 수밖에 없는 여건입니다. 또한, 길음 뉴타운의 숨통을 틔워주는 4호선 초역세권으로 모든 뉴타운 단지 중에서 교통도 가장 뛰어납니다.

동북선경전철 역시 도보 5분 내외의 거리에 들어올 예정입니다.

3장. 서울 대장 아파트 이야기

동북선이 완공될 경우 미아사거리역에서 왕십리까지 6정거장으로 강남 접근성이 대폭 개선될 수 있습니다. 더블 역세권으로써의 효과를 제대로 누릴 수 있을 것입니다.

조금 더 지도를 넓게 살펴보도록 하겠습니다. 4km 내외로 살펴보면 다음과 같습니다.

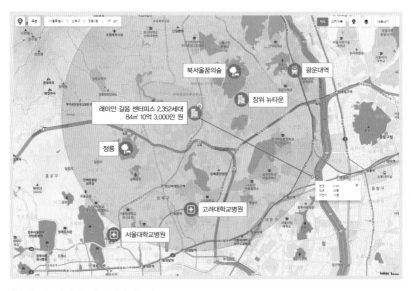

한눈에 보는 래미안 길음 센티피스(4km)

다른 구와는 다른 독특한 측면이 보입니다. 기본적으로 녹지의 비율이 매우 높습니다. 길음 뉴타운 뒤쪽으로는 북한산, 그리고 북동쪽 방향으로는 서울에서 다섯 손가락 안에 드는 규모를 자랑하는 북서울꿈의숲이 자리 잡고 있습니다.

또한 유난히 많은 대학교가 눈에 띕니다. 고려대학교, 경희대학교, 국민대학교, 서경대학교, 광운대학교, 가톨릭대학교, 서울시립 대학교 등 서울의 명문 대학교들이 많이 자리하고 있는 것을 볼 수 있습니다.

4㎞ 반경이 조금 넘어가는 곳에 3대 직장지 중 하나인 종로, 광화문이 있습니다. 광화문 일대의 직장인의 주거지로써 손색이 없습니다. 또한 향후 천지개벽할 청량리역 일대와 광운 역세권 개발 지역, 더불어 광운 뉴타운까지 미래가치를 지닌 곳이 4㎞ 내외에 풍부하게 자리 잡고 있습니다.

1㎞ 내외로는 살기 좋은 입지를 갖추었고, 4㎞ 내외로는 천지개벽할 미래 가치를 고루 갖춘 입지입니다. 오래 거주하며 시세상승을 덤으로 기대할 수 있는 전형적인 곳입니다.

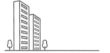

<교통 및 직주근접>
4호선 초역세권으로 길음 뉴타운의 왕좌를 차지하다!

길음 뉴타운의 타 단지들에 비해 압도적인 장점을 가지는 부분입니다. 4호선 초역세권입니다. 미아사거리역에서 주요 직장지와의 거리를 살펴보겠습니다.

지역	지하철역	소요시간 (분)	환승 횟수	최단 경로
강남·서초	②강남역	39	2	④미아사거리역 → ③충무로역 → ②교대역 → ②강남역
	②삼성역	41	1	④미아사거리역 → ②동대문역사문화공원역 → ②삼성역
	③양재역	39	1	④미아사거리역 → ③충무로역 → ③양재역
종로·중구	⑤광화문역	22	1	④미아사거리역 → ⑤동대문역사문화공원역 → ⑤광화문역
	①종로3가역	20	1	④미아사거리역 → ①동대문역 → ①종로3가역
	①종각역	22	1	④미아사거리역 → ①동대문역 → ①종각역
	②을지로입구역	19	1	④미아사거리역 → ②동대문역사문화공원역 → ②을지로입구역
	②시청역	21	1	④미아사거리역 → ②동대문역사문화공원역 → ②시청역
여의도	⑤여의도역	36	1	④미아사거리역 → ⑤동대문역사문화공원역 → ⑤여의도역

가장 눈에 띄는 것은 종로 접근성입니다. 모두 20분 내외입니다. 동북권이며 성북구이기에 직주근접이 좋지 않을 것이라는 편견과는

달리 3대 직장지 모두 40분 내외로 소요됩니다. 이 부분이 '래미안 길음 센터피스'가 길음 뉴타운의 타 단지와 결정적인 차이를 만드는 부분입니다. 최근 서울 아파트의 가장 큰 특징 중 하나인 직주근접을 꽤 잘 충족하고 있습니다.

대형 호재도 있습니다. 2019년 착공이 확정된 동북선을 이용하기에도 용이한 위치입니다. 현재 현대로템으로 사업자가 결정된 상황으로 2024년에 완공 예정인 동북선이 들어서면 미아사거리역으로 들어오게 됩니다. 지금도 좋은데 더 좋아질 일만 남은 '래미안 길음 센터피스'입니다.

<교육>
길음 뉴타운과 함께 성장하고 있는 학군!

단지 바로 옆에 유명한 영훈초, 영훈국제중이 있습니다. 특히 영훈국제중의 경우 2018년 기준 전교생 158명 중 과고 7명, 외고 23명, 자사고 84명으로 총 114명을 특목고에 진학시킨 성과를 이룬 명문 학교입니다. 하지만 서울시 전역이 모집지역으로 추첨을 통해서 진학하는 학교로 '래미안 길음 센터피스'에 거주한다고 해서 배정되지는 않습니다.

영훈초등학교, 영훈중학교를 제외하면 주변 초등학교, 중학교는 접근성이 매우 뛰어난 편은 아닙니다. 초등학교는 인근에 미아초, 송천초, 숭곡초가 있습니다.

중학교의 경우 길음중, 숭곡중, 창문여중이 인근에 있습니다. 해당 학교의 특목고 진학현황을 살펴보겠습니다.

길음중

년도	졸업자수	과학고	외고·국제고	자율형사립고	특목고 진학명수
2016	239	2	8	35	45
2017	241	0	5	50	55
2018	259	4	12	51	67

숭곡중

년도	졸업자수	과학고	외고·국제고	자율형사립고	특목고 진학명수
2016	232	0	2	5	7
2017	206	0	6	12	18
2018	177	0	3	16	19

창문여중

년도	졸업자수	과학고	외고·국제고	자율형사립고	특목고 진학명수
2016	206	1	3	2	6
2017	196	1	5	4	10
2018	158	1	5	1	7

길음중의 선전이 돋보입니다. 숭곡중과 창문여중의 경우 뛰어난

숫자는 아니지만, 전체적으로 길음 일대의 특목고 진학률이 빠르게 성장하는 사실을 볼 수 있습니다. 일반적으로 신도시가 자리 잡기까지 대략 10년 정도 걸린다는 것을 고려하면 곧 의미 있는 학군이 형성될 가능성이 커 보입니다. 길음 뉴타운의 경우 이미 성공한 뉴타운으로써 2022년에는 뉴타운이 완성될 예정입니다. 학군 형성의 필수 요소라고 할 수 있는 균질성 있는 대규모 아파트 밀집 지역으로 완성되는 것과 동시에 학군은 많은 부분 개선을 보이지 않을까 생각합니다.

학원가는 다소 애매한 측면이 있습니다. 노원 일대의 접근성이 좋은 만큼 서울 3대 학원가인 노원구 중계동 학원 인프라를 이용할 가능성이 높아 보입니다.

<환경>
서울을 대표하는 환경, 북한산과 북서울꿈의숲

성북구답게 녹지가 곳곳에 있습니다. 서울을 대표하는 녹지인 북한산과 북서울꿈의숲이 2㎞ 내외에 존재합니다.

북한산은 단지에서 도보로 접근할 수 있습니다. 길음초등학교를 끼고 뒤쪽으로 가면 북한산 둘레길 초입입니다. 성인 걸음으로 도보

15분 정도의 거리에 북한산 둘레길을 즐길 수 있습니다.

서울에서도 손꼽히는 대형 공원인 북서울꿈의숲의 접근성 역시 좋습니다. 미아사거리역 근처에서 북서울꿈의숲 근처까지 접근하는 마을버스가 상시로 있어 10분 내외로 접근이 가능합니다. 북서울꿈의숲이 가까이 있는 것은 어린 자녀를 둔 부모로서는 축복에 가깝습니다. 해당 인프라 역시 '래미안 길음 센터피스'의 거주 가치를 높이는 요소입니다.

아이도, 어른도, 키우는 강아지도 모두 만족할 수 있는 삼종세트를 갖춘 환경입니다. 살기 좋은 아파트라는 말이 절로 나오는 환경이 아닐 수가 없습니다.

<인프라>

더블 백세권에 더블 장세권! 서울 내에서도 손꼽히게 편리한 생활권을 가진 곳

서울 전체를 통틀어도 매우 드문 경우입니다. 더블 백세권에 더블 장세권입니다.

메이저 백화점인 롯데백화점과 현대백화점 그리고 이마트와 전통시장인 숭인시장 모두가 도보권에 있습니다. 취향에 따라 장을 보

단지 도보 5분 거리에 전통시장과 이마트, 롯데백화점, 현대백화점이 모두 있는 서울에서도 손꼽히는 생활권을 가지고 있는 '래미안 길음 센터피스'

거나 쇼핑을 할 수 있는 환경으로 생활하는 데 있어서 거의 완벽한 인프라입니다.

대형 병원 접근성도 좋습니다. 서울대, 고려대, 경희대학교병원과의 접근성이 훌륭합니다. 서울대학교병원은 4호선으로 네 정거장(혜화역), 8분 거리입니다. 고려대학교병원과 경희대학교병원은 3㎞ 내외로 차량으로 15분 정도 소요됩니다. 종합하자면 4㎞ 근방에 접근성이 뛰어난 종합병원이 무려 3개입니다.

인프라 측면에서 '래미안 길음 센터피스'의 특장점이 드러납니다. 길음동에서 가장 살기 좋은 아파트, 그것이 바로 '래미안 길음 센트피스'가 가진 주요 가치입니다.

한 줄 평

생활권에 있어서 만큼은 서울 내에서도 끝판왕인 래미안 길음 센터피스! 성북구가 가진 실거주 에너지로 차근차근 성장해 나갈 곳!

4장.

After 서울 대장 아파트 입지 분석

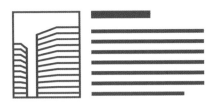

대장 아파트 분석 효과

앞에서 서울의 대장 아파트들을 분석해보았습니다. 대장 아파트 분석의 효과는 다음과 같습니다.

1. 해당 지역에 대한 이해도를 높일 수 있음
2. 대장 아파트 기준, 주변 아파트 시세 판단
3. 지역별 비교 분석 가능
4. Connecting the dot, 전체적인 서울 시장에 대한 이해도를 높일 수 있음

첫 번째 효과입니다. 대장 아파트를 통한 지역분석을 통해서 해당 지역에 대한 이해도를 높일 수 있습니다. 앞서 말씀드린 것과 같이 대장 아파트는 해당 지역의 주요 입지 요인들을 모두 포함하고 있습니다. 따라서 대장 아파트만 면밀히 공부해도 해당 지역에 대한 입지 요소를 쉽게 이해할 수 있습니다.

일반적으로 사람들은 주거지를 선택할 때 원래 살던 곳에서 멀리 생각하지 않는 경향이 있습니다. 가장 큰 이유는 원래 살던 곳이 익숙하고, 실거주를 한 까닭에 그 누구보다도 해당지역을 더 잘 알고 있으므로 가치 판단에 대한 자신이 있기 때문입니다.

　같은 맥락으로 다른 지역에 대한 막연한 불안감이 있습니다. 살아 보지 않았기에 좋고, 나쁜 것을 정확하게 판단하기가 쉽지 않습니다. 막상 다른 지역을 공부하려고 해도 어떻게 시작해야 할지 막막합니다. 이러한 이유로 많은 사람들이 주거지를 선택할 때 다른 곳이 아닌, 본래 살던 주변을 선택합니다.

　이러한 측면에서 대장 아파트를 공부한다는 것은 선택의 폭을 넓히는 것입니다. 앞서 제안 드린 대로 대장 아파트를 선별 및 선택하고, 그 아파트를 공부하게 된다면 해당 지역을 쉽게 이해할 수 있을 것입니다. 또한 주택 구입의 선택지가 자연스럽게 넓혀질 것입니다. 선택지가 넓어짐에 따라서 보다 현명한 선택을 할 가능성이 높아지는 것은 물론입니다.

　두 번째로 대장 아파트를 통해서 해당 지역의 대략적인 시세를 판단할 수 있습니다. 대장 아파트를 구매할 수 있으면 좋지만, 현재 서울 대장 아파트들의 시세는 적어도 30평대가 10억 원 이상이 훌쩍 넘어갑니다. 첫 내 집 마련을 위해서 적당한 아파트로 보기는 어렵습니다.

　하지만 해당 아파트의 가격을 기준 삼아 일대의 시세를 쉽게 살펴볼 수 있습니다. 대장 아파트를 중심으로 근방 1km 내외의 주요 입지를 공유하고 있는 아파트들을 살펴보면 상품성과 연식, 그리고 입지에 따라 가격이 천차만별인 것을 알 수 있습니다. 기준을 대장 아파트로 삼게 되면 대장 아파트와 비교해 고평가된 아파트, 저평가된 아파트를 나름대로 분석해볼 수 있으며, 또한 해당 지역의 대략적인 시세를 이해할 수 있습니다. 이렇듯 대장 아파트의 가격을 기준 삼아 일대의 시세 공부를 시작할 수 있습니다.

세 번째는 지역별 비교가 가능합니다. 다양한 지역의 대장 아파트를 공부함으로써 여러 지역의 입지 요인에 대한 이해도를 높이게 되면, 비슷한 환경의 지역을 서로 비교할 수 있는 혜안을 가질 수 있게 됩니다. 여러 지역을 서로 비교해보면서 나에게 보다 적합한 아파트를 찾을 수 있습니다.

마지막으로는 서울 전체를 이해하는 안목을 가질 수 있습니다. 스티브 잡스(Steve Jobs)가 스탠포드대학교 졸업식에서 했던 'Connecting the dots'라는 말은 현재는 점에 불과한 것들이 연결되어 미래에는 예상치 못한 의미 있는 결과를 만들어낸다는 뜻입니다. 이는 부동산 공부에도 역시 유효한 말이라고 생각합니다. 당장 구입할 아파트는 아니더라도 서울 25개 구 대장 아파트라는 점을 찍어나가다 보면, 어느덧 대한민국을 대표하는 서울 부동산의 흐름을 이해할 수 있는 안목을 가질 수 있을 것입니다.

만약 서울 전체를 공부하는 것이 부담스럽다면, 강남은 반포 아크로리버파크(또는 래미안퍼스티지)와 대치 래미안팰리스, 그리고 강북은 경희궁 자이와 마포 래미안푸르지오로 시작하기를 권장합니다.

강남은 강남의 방식으로, 강북은 강북의 발전으로 나아가는 모습을 보여주는 대표적인 아파트들이기 때문입니다. 서울을 강남과 강북이라는 커다란 분모로 이해하기에 적합한 곳입니다. 또한 아파트를 분석하는 주요 입지 요소와 새 아파트와 직주근접이라는 큰 트렌드를 반영하고 있는 아파트이기에 아파트 분석을 쉽게 시작할 수 있습니다.

지금 당장 서울 25개 구의 대장 아파트를 찾아보길 바랍니다. 그리고 일주일에 하나씩 25주만 대장 아파트 분석을 스스로 직접 해보기를 권장합니다. 25주가 지나면 부동산을 보는 시각이 이전과 확연히 달라져 있을 것입니다.

서울 대장 아파트 분석 이후 솔루션

서울 대장 아파트를 분석했으면, 이제는 본격적으로 내 집 마련을 위한 행동을 취해야 할 때입니다.

첫 번째, 구입 가능하면 대장 아파트를 사세요.
두 번째, 대장 아파트 구입이 당장은 어렵다면, 대장 아파트와 입지 요인을 공유하는 아파트를 구매하세요.

가장 쉬운 방법은 대장 아파트를 사는 것입니다. 현재 서울 대장 아파트들은 서울에서도 매우 귀한 새 아파트이기 때문에 적어도 10년 이내로 품귀현상이 벌어질 곳입니다. 가치가 하락할 가능성이 극히 희박한 곳이며, 동시에 해당 지역에서 삶의 만족도가 가장 높은 곳이기 때문에 실거주 만족도와 자산의 방어 및 증식이라는 부동산의 주요 목적을 모두 달성할 수 있습니다. 따라서 개인적인 자산 상황에 맞추어 평수를 타협하는 한이 있더라도, 대장 아파트를 구입할 것을 강력하게 권합니다.

만약 대장 아파트 구입이 당장은 힘든 경우, 대장 아파트 공부를 기반으로 해당 대장 아파트와 주요 입지 요인을 공유하는 아파트를 구매하길 바랍니다. 권불십년이며 화무십일홍(權不十年 花無十一紅)입니다. 오늘의 신축은 내일의 구축인 법이지만, 입지의 가치는 시간이 갈수록 누적되는 법입니다. 따라서 대장 아파트와 주요 입지 가치를 공유하고 있는 구축이라면, 실거주로 고려해볼 수 있습니다.

일반적으로 해당 지역의 시세는 대장 아파트가 먼저 리드하고, 주변 아파트들이 키 맞추기(시세를 쫓아감)를 하는 법입니다. 따라서 실거주를 하면서 대장 아파트의 입지 요인을 함께 누리고, 더불어 대장 아파트가 이끄는 시세의 큰 흐름을 타는 것이 바로 현실적인 전략이 될 수 있을 것입니다.

마지막으로 대장 아파트 공부를 통해서 해당 지역의 가치가 무엇인지, 그리고 자신이 생각하는 가치는 무엇인지를 깊게 생각해본 이후에 주택을 구입했으면 합니다. 아무리 좋은 입지 요인을 갖추고 있어도, 집을 구입하는 것은 결국 가족의 삶과 직결된 문제입니다. 대장 아파트 공부를 통해 해당 지역의 주요 입지 요인을 이해하고, 나와 우리 가족이 중요하게 여기는 요인의 교집합을 찾아 나가는 것이 내 집 마련 시 가장 실패하지 않는 포인트가 아닐까 싶습니다.

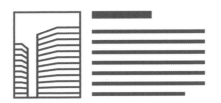

에필로그
나는 왜 부동산을 공부하는가?

25년 된 빌라 탈출을 시작으로 부동산 공부를 한 지 4년이 지났습니다. 처음의 목표를 한참이나 초과 달성한 지금도 여전히 부동산을 공부하고 있습니다. 처음에는 '내 집 마련'을 위해서 부동산 공부를 시작했기에 이미 목표를 달성한 지금은 '나는 왜 부동산을 공부하는가?'에 대해 종종 생각합니다.

그때 도움이 되었던 것은 다름 아닌 대학시절 철학 수업 때 들었던 교수님의 말씀이었습니다.

"다들 답을 찾으려고 하는데, 모든 답은 질문으로부터 나옵니다. 많이 질문하길 바랍니다. 스스로의 문제, 당대의 문제, 이런 것들에 대한 사유로부터 진정한 자신만의 답이 나오기 마련입니다. 합당한 사유와 질문을 통해 합리적인 해결 방법 강구를 연습하는 것, 그것이 제가 여러분과 이번 학기에 해나갈 공부입니다."

삶과 철학에 관련된 이야기였지만, 이 말은 부동산 공부에도 역시 유효한 말이 아닐까 싶습니다. 부동산을 왜 공부하는지에 대한 답을 찾기 위해 스스로 했던 질문들은 다음과 같습니다.

'나는 어떤 인생을 살고 싶기에? (부동산을 공부하는가?)'

'지금 우리 사회가 어떤 사회이기에? (부동산을 공부하는가?)'

'나는 여기에서 어떤 가치를 느끼기에? (쉬는 시간을 쪼개서 부동산을 공부하는가?)'

내 집 마련, 서울 대장 아파트에 답이 있다!

수많은 질문들이 꼬리에 꼬리를 물었고, 그러한 가운데 부동산을 공부하는 이유에 대해 그럭저럭 스스로 납득할 수 있는 답이 나오지 않았나 싶습니다.

생각해보면 수년간 직장생활을 하며, 어쩌면 타성에 젖어 있었는지 모르겠습니다. 일에 지쳐서 모든 것을 놓고 싶다가도 마야 같은 월급에 또 한 달을 버텼습니다. 회사를 그만두는 주변분들을 보며, 마치 고려장처럼 저 모습은 가까운 미래의 내 모습이 아닐까 불안해하기도 했고요. 그 가운데 가장 참을 수 없었던 것은 그럼에도 불구하고 변하려 하지 않는 제 모습이었습니다.

"물리학에 관성의 법칙이라는 것이 있죠? 사람 인생도 똑같아요. 의식하지 않으면 습관적으로 행동하게 됩니다. 의식이 깨어 있는 상태로 선택과 집중을 하도록 노력해보세요. 반드시 변화를 줄 수 있는 그 순간은 인생에 찾아오기 마련입니다. 그 순간 삶의 수레바퀴에 임팩트를 주길 바랍니다. 부디 단호한 결심으로 여러분이 원하는 모습으로 자신을 바꾸길 바랍니다."

교수님이 말씀하신 관성의 법칙처럼 나 역시 그렇게 의식하지 않고 습관적으로만 살아가지 않았나 하고 깊이 반성했습니다. 인생이 변하기를 바란다면 지금 당장 무언가를 시작해야 하는데, 내가 하고 있는 것은 고작 불평, 불만뿐이었습니다. 그렇다고 인생이 바뀌는 것도 아닌데 말이죠. 그런 의미에서 부동산 공부는 '내 삶을 변화시킬 수 있는 커다란 수레바퀴'가 아닐까 싶습니다.

그렇다면 왜 하필 부동산이었을까요?

어느덧 직장에서 연차가 쌓이고, 주변 선배들과 이런저런 이야기를 하며 느낀 점은 아무런 준비 없이 시간을 흘려보내기만 해서는 미래가 보장되지 않는다는 사실이었습니다. 시간을 쌓아왔다는 그 자체가 해고의 '강력한 이유'가 될 수 있다는 것을 알면서 '시간은 직장인의 편이 아니구나'라고 생각했습니다.

그런 측면에서 부동산은 엄청나게 매력적이었습니다. 직장인과는 다르게 '시간은 부동산의 편이라는 점' 때문이었습니다. 마치 잘 숙성된 와인처럼 그 자체로 가치가 있는 부동산은 시간의 세례를 받을수록 그 가치를 더해간다는 점이 그와 대척점에 있는 직장인의 삶과 묘하게 대조되어 한번에 저를 매료시켰습니다.

'시간은 비록 직장인의 편은 아닐지라도, 부동산을 공부하는 사람에게는 한편이다!'

'직장인이 아닌, 부동산을 공부하는 사람으로서 시간이 내 편이라면, 적어도 시간이 흐르는 것을 두려워하기보다는 즐길 수 있지 않을까?'

이 생각들이 저를 부동산 공부로 이끌었던 가장 큰 요인이었습니다.

어쩌다 우리는 나이를 먹으면 마치 죄인처럼 두려워하고 걱정해야 하는 시대를 살게 되었을까요? 시간이 지날수록 가치를 더하며, 빛을 발해야 할 것은 부동산보다도 사람이어야 합니다. 지금 시대가 그렇게 만들어주지 못한다면 더 이상 관성적으로 불평, 불만을 하는 것보다는 내 인생의 수레바퀴만큼은 내 힘으로 굴릴 수 있도록 부동산을 공부하는 것이 결국 시간도 내 편으로 만들어주는 길이 아닐까, 생각합니다.

아직은 가야 할 길이 멀지만, 한 발자국, 한 발자국 나아가는 것에 의미를 담아 걸어 보고자 합니다. 걷는 것 자체가 즐겁다면 비록 목적지에 조금 늦어지더라도 그 자체로 행복을 더할 수 있지 않을까요? 그렇게 저는 목표

달성을 위한 부동산 공부가 아닌, 한 걸음씩 내딛는 데 즐거움을 느끼기 위한 부동산 공부를 하고자 합니다.

여러분은 부동산 공부를 왜 하시나요?

이 책을 읽으며 부동산 공부를 왜 하는지에 대해서 함께 고민해보셨으면 합니다. 그리고 이 책이 여러분의 부동산 공부, 그리고 첫 주택 구입의 작은 이정표가 되길 바랍니다.

본 책의 내용에 대해 의견이나 질문이 있으면
전화 (02)333-3577, 이메일 dodreamedia@naver.com을 이용해주십시오.
의견을 적극 수렴하겠습니다.

내 집 마련,
서울 대장 아파트에 답이 있다!

제1판 1쇄 | 2019년 6월 30일
제1판 2쇄 | 2019년 7월 11일

지은이 | 구번타자 홈런왕(이동빈)
펴낸이 | 한경준
펴낸곳 | 한국경제신문*i*
기획제작 | (주)두드림미디어
책임편집 | 배성분

주소 | 서울특별시 중구 청파로 463
기획출판팀 | 02-333-3577
영업마케팅팀 | 02-3604-595, 583 FAX | 02-3604-599
E-mail | dodreamedia@naver.com
등록 | 제 2-315(1967. 5. 15)

ISBN 978-89-475-4481-8 (03320)